DE CESSIONE ACTIONUM,

DU

BÉNÉFICE D'INVENTAIRE,

PAR

AUGUSTE-JULES STROHL,

D'INGWILLER (BAS-RHIN).

UNIVERSITÉ DE FRANCE.

ACADÉMIE DE STRASBOURG.

DE CESSIONE ACTIONUM.

DU BÉNÉFICE D'INVENTAIRE.

ACTE PUBLIC POUR LE DOCTORAT

PRÉSENTÉ

A LA FACULTÉ DE DROIT DE STRASBOURG,

ET SOUTENU PUBLIQUEMENT

SAMEDI 1er JUIN 1861, A MIDI,

PAR

AUGUSTE-JULES STROHL,

D'INGWILLER (BAS-RHIN).

STRASBOURG,
TYPOGRAPHIE DE G. SILBERMANN, PLACE SAINT-THOMAS, 3.
1861.

A LA MÉMOIRE DE MA MÈRE.

A MON PÈRE.

A. J. STROHL.

A MON ONCLE

MONSIEUR RAU,

PROFESSEUR A LA FACULTÉ DE DROIT DE STRASBOURG.

A MON AMI

MONSIEUR JUILLARD,

DOCTEUR EN DROIT,

PRÉSIDENT DU TRIBUNAL DE MOUTIERS (SUISSE)

A. J. STROHL.

FACULTÉ DE DROIT DE STRASBOURG.

MM. AUBRY ✳ . . . . doyen et prof. de Code Napoléon.
HEPP ✳ . . . . professeur de Droit des gens.
HEIMBURGER . . . . . professeur de Droit romain.
THIERIET ✳ . . . . . professeur de Droit commercial.
RAU ✳ . , ... professeur de Code Napoléon.
LAMACHE ✳ . . . . . professeur de Droit administratif.
DESTRAIS . . . . . . professeur de procédure civile et de
législation criminelle.
MUGNIER . . . . professeur de Code Napoléon.
N. . . . . professeur de Droit romain.

LEDERLIN, agrégé.
DUBOIS, docteur en Droit.

BÉCOURT, officier de l'Université, secrétaire, agent compt.

MM. HEIMBURGER, président de l'acte public.
THIERIET,
LAMACHE,   } examinateurs.
DESTRAIS,
DUBOIS.

La Faculté n'entend approuver ni désapprouver les opinions particulières au candidat.

TABLE DES MATIÈRES.

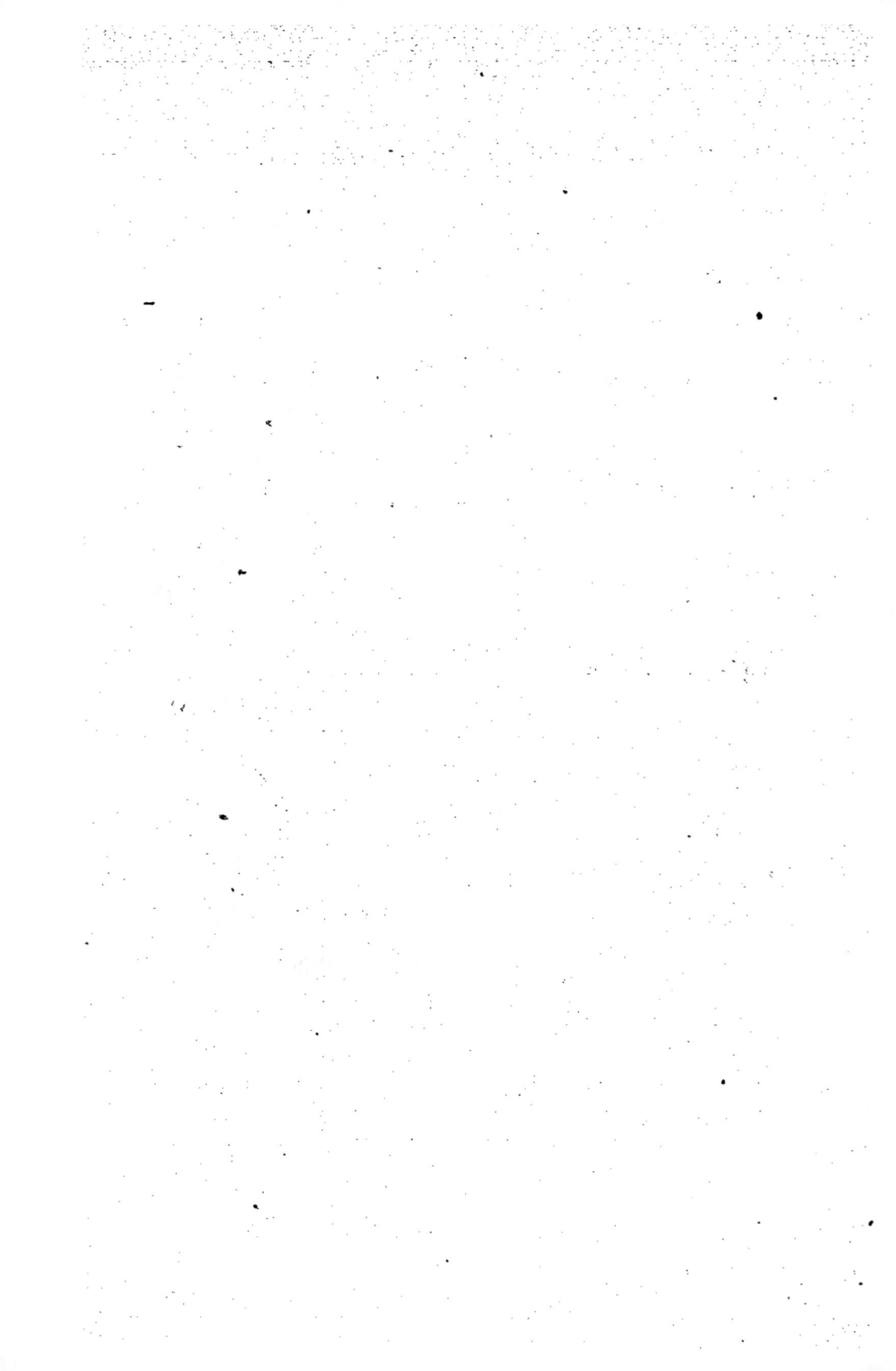

JUS ROMANUM.

De cessione actionum [1].

PROŒMIUM.

Obligationum substantia in eo consistit, ut debitor creditori obstringatur ad dandum aliquid, vel faciendum, vel præstandum (Fr. 3, pr., *D., De obligat. et act.*, XLIV, 7). Ita autem vocatur quia debitor, ut rem solvat, juris vinculo obligatur (Pr. *Inst., De obligat.*, III, 13). Cum jus illud ex mutua et peculiari quadam necessitudine, quæ duas personas, nempe creditorem et debitorem, conjungit, oriatur, natura ejus obsistit ne ad alios transferatur. Inter certos enim homines existit obligatio, quibus sublatis, tollatur necesse est; ita ut ne voluntas quidem legislatoris quod natura sua fixum et immutabile sit, mutare posse videatur. Nec enim, ut Gaius ait, naturalis ratio auctoritate senatus commutari potest (Fr. 2, § 1, *D., De usufructu ear. rer.*, VII, 5).

Etenim sic Romanos existimasse scimus, legibusque

[1] Auct. cit: Mühlenbruch, *Lehre von der Cession der Forderungsrechte*; Mühlenbruch, *Doctrina Pandectorum*, vol. II, L. III, cap. XV, Glück, *Erläuterung der Pandecten*, vol. XVI, § 1017, p. 385; Vangerow, *Lehrbuch der Pandecten*, t. III, § 574.

suis et toto jure hanc opinionem sanxisse : Quod mihi
ab aliquo debetur, id si velim tibi deberi, nullo eorum
modo quibus res corporales ad alium transferuntur,
id efficere possumus (§ 38, Gaii *Inst.*, II).

Unam lex in hac re exceptionem statuit, nempe cum
heredem obligationum dominum esse voluit defuncti;
sed hoc ne exceptio quidem est, cum heres non nova
persona censeatur : personam enim auctoris suscipit,
nec illa transmissione ullo modo natura obligationis
immutatur (Fr. 24, *D.*, *De verbor. sign.*, L. 10).

Nulla alius generis transmissio obligationum fieri
poterat, et nihil aliud tentandum videbatur cum semel
ejusmodi transactionibus opus esse cœptum esset, nisi
legem, non mutare, sed eludere.

Primum obliqua quadam via, per novationem, ad
illam transmissionem perveniebatur; exstinguebatur
enim prima obligatio, et nova in ejus loco succedebat,
ita ut debitor a creditore liberaretur et alio teneri inci-
peret (§ 38, Gaii *Inst.*, II). Sed ad hoc faciendum debitoris consensu opus erat, qui nullis, ut assentiret,
legibus constringebatur [1].

Quamdiu legis actiones viguerunt, nulla alia obliqua
transmittendi ratio inventa est. Sed cum istæ actiones
sublatæ essent, et per concepta verba ac formulas liti-
gari incepisset, repræsentationis jus facilem, ad cessionem efficiendam, viam præstitit. Scitur quamdiu
legis actiones in usu essent, alterius nomine agere
non licuisse, nec stipulando quemquam alteri cavere
(Fr. 73, § 4, *D.*, *De R. J.*, L. 17). Jam in duodecim tabulis scriptum invenimus : si morbus ævitasve vitium

[1] Vangerow, p. 111.

oscit, qui in jus vocabit, jumentum dato; si nolet,
arceram ne sternito (t. 1). Sed quia hoc non minimam
incommoditatem habebat, quod alieno nomine neque
agere, neque excipere actionem licebat, jam vigentibus
legis actionibus, nova et contraria sententia, dum certi
quidam casus excipiebantur orta est (Pr. *Inst.*, *De iis
per quos ag. pos.*, IV, 10).

Deinde post judiciorum ordinariorum introductio-
nem, illa exceptio norma facta est, et sanctum est
quemlibet per procuratorem agere licere ac defendere
(§ 82, Gaii *Inst.*, IV), sicque facillime, etsi prima re-
maneret obligatio, ad alium fructus ejus transferebatur.
Dabat creditor ei cui cedere actiones volebat procura-
tionem: actiones contra debitorem mandabat, ac per-
sequendas præstabat. Ibat cessionnarius in jus, et a
prætore formulam obtinebat, cujus intentio nomine cedentis erat, condemnatio vero procuratoris nomine
(§ 86, Gaii *Inst.*, IV). Quocirca mandatarius procurator
in rem suam appellabatur, nam suum faciebat quidquid
a debitore consecutus erat.

Is erat effectus hujus mandati actionis, ut procurator loco domini haberetur, et ei pecuniam accipere et
cum debitore pactum liberatorium facere liceret. Sed
non, illo modo actione et debito ad alium translatis,
debitor mandanti debere desinebat; poterat enim cedens, antequam lis contestaretur, vel procurator aliquid debiti accepisset, vel debitori denuntiasset, rem a
debitore exigere et eo modo procuratoris exactionem
contra eum inhibere. Præterea nil impediebat quin cedens cessionnarium spoliaret, vel dum procuratorem
revocaret, vel novum procuratorem designaret, qui,
majore diligentia, debitum consequeretur.

Nullum igitur revera jus hac cessionis ratione ad
cessionnarium transibat, nisi lite contestata, vel alia
hujus simili denunciatione facta, nec jus suum procurator ad heredes transferre poterat, neo alii per substi-
tutionem concedere; quin etiam, si ante litem contestatam mortem obibat mandans vel procurator, extincto
mandato, jus cessionnarii simul interibat (§ 10, *Inst.,
De mand.,* III, 26; 0. 33; *C., De donat.,* VIII, 54) [1].

Mandatum actionis vera et accommodata profecto
ratio erat, qua Romani ad id, quod sibi proposuerant,
pervenire poterant, nempe ut vincula, quibus actiones
impediebantur, removerent, nec tamen hoc infrange-
rent, eas omnino directo transferri non posse. Sed ni-
mium multa cum ca forma conjuncta erant incommoda, quam ut nova et facilior ratio non esset quæ-
renda.

Tunc actionibus utilibus usi sunt, quas prætor cessionnario præstabat, ad ei auxiliandum si actio directa
cedentis vel non satis efficax videretur, vel omnino
deesset. Quamquam in primis certis quibusdam solum
casibus illæ actiones utiles darentur, quum mandatum
actionum parum esset efficax, tamen semper postea
datæ sunt, ubi timendum esse videbatur ne quisquam
alterius damno et detrimento so ipsum locupletaret; non
solum ad augendam mandati vim, arctissimis circum-
scriptam limitibus, verum etiam ut eidem supplerent,
si quidem nullum intervenisset mandatum. Dabantur
primum a prætoribus ad rem quamdam peculiarem,
et quotiescunque justo postularentur, tum, causa cognita pro tribunali, formali decreto concedebantur. Sed

[1] Mühlenbruch, *Cess. Ford.,* § 16, p. 178; Vangerow, p. 114.

postea, ne sæpius eadem essent consideranda, nec esset
de rebus similibus quotidie discrimen, edictis suis præ-
tores, quæ essent eæ conditiones sub quibus actiones
utiles dare vellent, exponebant[1].

Tunc duplicem in modum fieri poterat cessio, mandato actionis, vel actionibus utilibus, quæ parum efficax
mandatum corroborabant vel omnino si abesset mandatum, ejus vicem obtinebant[2]. Nullum quod ad effi-
cacitatem attinet, inter has duas crediti transferendi
rationes discrimen est; nec refert, directa quis an utili
actione agat, cum utraque actio ejusdem potestatis sit,
eumdemque habeat effectum (Fr. 47, *D.*, *De negot.*
gest., III, 5)[3].

Mandatum paulatim obsolevit, et illa antiquata cedendi forma demum deserta est, semperque, cum jus
transferendum esset, actionibus utilibus usi sunt, quæ-
cumque esset forma translationis, ut in cessionibus
quæ vi legis fiebant. Sic concedebantur utiles actiones
heredibus cessionnarii, etiam ante litis contestationem
defuncti, nisi cessio donationis titulo facta esset; nam
qui eas cessiones acceperant, non aliter suis heredibus
transmittere poterant, nisi litem contestati essent, vel
jus contestationis divino rescripto meruissent. Quod
impedimentum Justinianus removit, et voluit ut, sicut
venditionis titulo cessas actiones ad heredes transmitti
licebat, simili modo etiam donatæ ad eos transmitte-
rentur, licet nulla contestatio facta vel petita esset.
Quod et in procuratore constituendo ad movendas eas
cessas actiones similiter observandum voluit, ut mi-

---

[1] Mühlenbruch, *Cess. Ford.*, § 15, p. 149.
[2] Vangerow, p. 113.
[3] Mühlenbruch, *Cess. Ford.*, § 16, p. 196.

nimo quis impediretur procuratorem cessarum sibi super donatione actionum dare, licet nulla contestatio facta vel petita sit (C. 33, C., *De donat.*, VIII, 54).

Omnes illæ mutationes non tamen hanc opinionem apud Romanos extinguere potuerunt, obligationum naturam obsistere quominus alienarentur. Proprietas enim cessæ actionis non ad cessionarium transibat, nec mandatum ei aliud conferebat, nisi jus rem persequendi debitam, quæ semper res cedentis habebatur.

Sic igitur cessionem definire velimus : Cessio est, qua nomen alienum aut actio alicui, in suam ipsius utilitatem persequenda, transfertur[1].

In veteris juris romani fontibus nunquam verbum cessionis invenimus, sed id per præstare, dare, transferre seu mandare actiones designabant; novo vero jure hæc verba cessio, cedere, jura cessa, transmissionem actionis designant quoties illa alio modo ac successione vel delegatione efficiatur.

Facili igitur negotio discernere licet cessionem cum a delegatione, tum ab assignatione. Nam delegatione non nisi consentiente debitore jus transfertur, prorsus conversa veteris nominis natura; cessio et invito fit debitore, atque ita ut pristinam vim etiam retineat nomen. Contra vero assignatio in solius mandati finibus versatur, quo quidem id agitur, ut ab assignantis debitore pecuniam exigat mandatarius, unde ipse sibi sumat vel satisfaciat, neque vero periculum nominis spectat ad assignatarium qui, si frustra petiit pecuniam, ad eum redibit qui pecuniam mandavit exigendam; at vero acceptatione facta ab assignato, jure suo petit, ut promissum sibi impleatur[2].

[1] Mühlenbruch, *Doct. Pand.*, § 496, p. 517.
[2] Mühlenbruch, *Doct. Pand.*, § 496, p. 517.

SECTIO I.

DE CESSIONIS CAUSA ET RATIONE AC MODO.

Causa cessionis vel voluntaria est vel necessaria [1].

I. Voluntaria est cessio ea quæ ex spontanea ejus qui possidet voluntatis declaratione oritur, qva is jure suo renunciatur, idque ad alium transfert. Quæ negotio olim non nisi ex mandato actionum fiebant cessiones, postea utique invaluere utiles actiones, jus obtinuit, ut quovis peculiari negotio rite confecto, eoque tali quo res alienantur, transferuntur actiones [2].

II. Necessaria vero cessio est quæ nulla a cedente voluntatis declaratione facta efficitur, et ex juris necessitate proficiscitur, velut ab eo qui aliena gerens negotia acquisivit actiones (Fr. 43, 45, pr., D., *Mandati,* XVII, 1), vel qui ejus rei nomine, quam alii debet, actiones habet quæsitas (Fr. 20, § 17, 40, § 2, D., *De hered. pet.,* V, 3), tum etiam qui aut rei amissæ vel deperditæ causa agit (Fr. 6, § 4, *De nautæ, caupon.,* IV, 9), aut ab alio quam a debitore sibi satisfieri jure petit (Fr. 95, § 10, D., *De solut.,* XLVI, 3), quippe qui plerumque actiones, si quas vel propter rem habent, vel adversus debitorem, præstare teneantur adversario.

Et lege quidem citra omnem transferendi actum, simulatque adest causa translationis, nomen transit ad eum, cui jus est quærendi nominis, scilicet utilibus actionibus quas lex tribuit nonnullis, velut his quorum

---

[1] Mühlenbruch, *Cess. Ford.,* § 36, p. 400; Vangerow, p. 123.
[2] Mühlenbruch, *Cess. Ford.,* § 18, p. 199. *Doct. Pand.,* § 198, p. 531; Glück, § 1018, p. 395.

in negotio aliquis quæsivit actiones (Fr. 68, *D.*, *De procurat.*, III, 3), tum fisco et civitatibus, quibus quidem et sine cessione jus est debitores conveniendi debitorum (Fr. 3, § 8, *D.*, *De jure fisci*, XLIX, 14), præterea his quibus principales cessæ sunt actiones, quippe in quos etiam accessoriæ ipso jure transeant (C. 6, 7, *C.*, *De obl. et act.*, IV, 10).

Quemadmodum autem is, qui nonnisi per exceptionem actionum cessionem poscit, plerumque et antequam ipse actori satisfaciat præstari sibi actiones curare debet, nec omnino petere ab eo quidquam potest, qui nullo jure ei obligatus est, si forte actiones perierunt, præterquam si dolo factum est actoris.

Quod autem rationem attinet ac modum cedendarum actionum, id primum omnium tenendum est, ut licet et pluribus et pro parte fieri possit cessio, illud tamen jus, cujus debeatur cessio, integrum sit cessionnario præstandum, atque plena, quæ illi insit, vi ac potestate.

SECTIO II.

DE SUBJECTIS CESSIONIS.

Duorum, ut valida sit, cessio consensione eget, cedentis et cessionnarii, et ab his eædem, quæ in aliis alienationibus, conditiones implendæ sunt.

Qui alias res cedere et vendere possunt, illos nomina etiam cedere et actiones, nisi speciali quodam titulo prohibeantur, leges non vetant. Deinde cedens opportet dominus sit rei cessæ, et ita quidem, ut ad arbitrium suum de ea re discernere posset. Quo fit ut illæ cessiones quæ a pupillis, nisi tutore auctore fiant, ineuntur, nullius sint estimandæ, neo possit tutor sua auctoritato pupilli actiones mandaro, nisi infans sit pupillus (Fr. 37, § 1, D., Ad. S. C. Trebell., XXXVI, 1). Imo vero per novas leges, ut valida sit pupilli cessio, ne illa quidem, quam diximus, tutoris auctoritas sufficit, nisi decreto publico confirmetur (C. 22, in fine, C., De adm. tut. et cur., V, 37)[1]. Præterea necesso est ut cessionnarius capax sit jura acquirendi et, si oneroso titulo fiat cessio (quod evenit, exempli gratia, si venditio est aut permutatio), sese obligandi[2].

Perficitur cessio solo contrahentium consensu, etiam inscio vel invito eo contra quem actiones, quæ veneunt, competunt (C. 3, C., De hered. v. act. vend., IV, 39). Nam debitoris haud interest cui solvat, cum nihil cessione in ejus statu commutetur, nisi creditoris persona.

Sed cum nullam e cessione utilitatem percipere debitor possit, satis æquum videtur ut leges caveant ne illi sive incommodum sive damnum aliquod timendum sit. Quod etiam jure romano provideri videmus. Duobus enim in casibus per cessionem actiones transmitti vetuit in debitoris utilitatem; primum in litigiosis quibusdam actionibus, quod nos alias, cum de objectu cessionis loquendum erit, exponemus, secundo cum in potentiorum manus cessio facta sit.

I. Jam sub duodecim tabulis hoc accidisse videmus, ut diis res litigiosæ consecrarentur; idque ea mente creditores fecisse constat, ut majore debitorem necessitate constringerent, isque a potentioribus premeretur

---

[1] Mühlenbruch, Cess. Ford., § 41, p. 452.
[2] Glück, § 1021.

adversariis. Neo adeo rara ejusmodi exempla fuisse pu-
tandum est, cum in duodecim tabulis prohibitionem
invenimus, qua hæc fere statuuntur: si quis rem de qua
lis sit in sacrum didicaverit, duplione decedito[1]. Neo
immerito, ait Gaius, ne liceat eo modo duriorem ad-
versarii conditionem facere (Fr. 3, D., De litig., XLIV, 6).

Attamen hujus severitatis brevis, ut videtur, fructus
fuit, aliæ enim postea in cessiones fraudes gliscebant,
et callidissime multi legum prohibitiones et pœnas no-
vis artibus eludebant. Nam fiscum aut imperatorem,
aut potentiorem quemdam heredem instituebant, ad
creditores spoliandos, seu iisdem actiones dabant, ut
ita debitores impedirentur, ne exceptiones quæ ipsis
competebant, invocare possint.

Unum, ad ea reprimenda, primis imperatoribus faciendum visum est; declaraverunt se ejusmodi here-
ditates, talesque donationes in posterum repudiaturos,
quia tam turpes insidias auctoritate sua confirmare,
imperatoria majestate indignum esset (Fr. 22, § 2, D.,
De jure fisci, XLIX, 14). Deinde Gordianus vetuit ut quis
partem rerum vel actionum dimid'am fisco, quo magis
creditor ejus juribus protegeretur, donaret, quia tem-
porum suorum disciplina non pateretur (C. 2, C., Ne
fisco. v. resp., II, 18). Majora etiam Marcus Aurelius severitate usus est et constituit ut jactura causae afficc-
rentur hi qui sibi potentiorum patrocinium advocassent.
Ne inter illa contra insidiosas cessiones facta præcepta
hanc ab imperatoribus Arcadio, Honorio et Theodosio
datam constitutionem memorare obliviscamur : Si
cujuscunque modi actiones ad potentiores fuerint de-

---

[1] Mühlenbruch, Cess. Ford., § 19, p. 349.

latæ personas, debiti creditores jactura mulctentur
(C. 1, 2, C., *Ne lic. pot.*, II, 14).

Hic explicare opportebit quid per potentiorem leges
intelligant. Potentiores sunt, secundum Cujacium, qui
opibus et gratia valent, et conventu sunt difficiles! Po-
tentior igitur est qui sive alto statu dignitatis, seu divi-
tiis et illa, quæ magnos reipublicæ honores et magnas
opes consequitur gratia, perterrere possit debitorem ne
jure suo utatur, aut magnis eum opprimere viribus
et generaliter quem habuisse adversarium magno constet, cujus grave sit valdeque damnosum litem con-
scivisse [1].

Quamvis illa, de qua loquimur, prohibitio absoluta
videatur, nec ullum verbis discrimen factum inter cessionem vero factam et simulatam, inter eam quæ mala
fide et eam quæ bona fide, in legibus reperiamus, tamen
si quid leges illæ sibi proposuerint, in quæ facta sint,
quæque illas haud dubium in modum fraudes appel-
lassent, mente tenemus, haud facile dubitari potest
quin contra dolum solum factæ sint. Nam minime obscure omnes illæ constitutiones quæ sibi proposuerint
explicant: nempe ut dolos, fraudes, insidias creditoris, et oppressionem debitorum prohibeant [3].

Confitendum est de hac re inter jurisconsultos discrimen esse [4], nec deesse quibus probatum sit, solam
ad potentiorem cessionem, nullis existentibus insidiis,
natura sua secundum leges dolosam et sic prohibitam
esse. Sed nobis verius dixisse videntur qui simulatam

[1] Mühlenbruch, *Cess. Ford.*, § 30, p. 378.
[2] Vangerow, p. 121.
[3] Mühlenbruch, *Cess. Ford.*, § 30, p. 371.
[4] Glück, § 1021, p. 429; Vangerow, p. 120.

cessionem solam a legibus dolosam declarari asserue-
runt; et hoc plerumque profecto evenit, non enim sæpissime repertos esse credendum est potentiores, qui
incertum debitum et litem dubiam suscipere suo peri-
culo parati essent.

Prohibitionis sanctio secundum texta nostra est jactura crediti. Sed utrum fisco an adversario jactura pro-
fiteatur, dubium est; forlassis autem, ut Gaius censet,
magis adversario, ut id veluti solatium habeat pro eo
quod potentiori adversario traditus est (Fr. 3, *D., De
litig.*, XLIV, 6). Sed naturalis obligatio creditori semper remanet, quia si pœnæ causa ejus, cui debetur, debitor liberatus est, naturalis obligatio subsistit (Fr. 19,
pr., *D., De condict. indeb.,* XII, 6).

II. Ad aliam exceptionem transeamus.

Prohibentur etiam tutores et curatores, actiones contra eos accipere quorum tutelam vel curam gerunt vel
gesserunt [2]. Quam prohibitionem Justinianus sic insti-
tuit (*Auth. Coll.*, VI, t. 1, Nov. 72, cap. 5). Si quis
curator factus, res minoris perscrutatus fuerit, atque
effecerit ut cessiones sibi ipsi vel per donationem, vel
per venditionem, vel alio quocunque modo fierint,
sciat omnino irritum esse quod ab eo geritur; nec per
se, nec per interpositam personam tale quid faciat, sed
illa plane invalida sunt. Manifestum enim est, si in talem cogitationem venerit, eum omnia ad interitum
animæ suæ, et rerum quæ illius esse apparent utilitatem, facturum et administraturum esse.

Neque solum quamdiu curator, sed et postea, illum
leges monent ne ejusmodi cessionem machinetur, ne

[1] Vangerow, p. 121.
[2] Mühlenbruch, *Cess. Ford.*, § 32, p. 389; Vangerow, p. 122.

forte hoc in animo habens rem abscondat, et ubi eam male præordinavit; denique quando curator esse desiit, et quod dolo malo machinatum est, latet; tum forte cum non amplius est tutor cessionem accipiat, et in re dolose versetur.

Nam tum irritum esse vult Justinianus quod factum est, et ut nullam actionem contra eum, qui antea in cura fuit, cessam obtinere possit, sed pro non facto habeatur, et lucrum sit minoris, licet cessio ex variis causis facta sit. Atque hæc dicit imperator de omni curatore, in quibuscunque etiam leges curam inducunt, sive in prodigis forte, sive furiosis, sive mente captis, vel si quid aliud lex jam dixit vel natura quid inopinati inveniet.

Hic etiam sicut antea, cum cessionnarius jure suo ceciderit, remanet naturalis obligatio.

III. Ultima denique fit exceptio eo quod pater et filius unam efficiunt personam.

Actiones adversus patrem filio præstari non possunt, dum in potestate est filius (*Fr. 7, D., De oblig. et act.* XLIV, 7), patre idem in filium facere vetitum est legibus, lis enim nulla esse potest patri cum eo quem in potestate habet, nisi ex castrensi seu quasi castrensi peculio (*Fr. 4, D., De jud. et ub. quisq., V, 1*). Quæ nullitas absoluta est, illæque cessiones, ne cessante quidem patria potestate, validæ efficerentur[1].

SECTIO III.

DE OBJECTU CESSIONIS.

Actiones vendi possunt regulariter omnes quibus per-

[1] Mühlenbruch, *Cess. Ford.*, § 33, p. 394.

sequitur creditor id quod ex patrimonio suo abest, vel quod sibi debetur. Nec hic inter naturam earum vel originem discrimen faciendum est, nisi in paucis quas in suo loco indicabimus exceptionibus[1]. Sed actiones solæ cedi possunt, id est quod debetur; vera autem obligatio, vinculum juris inter creditorem et debitorem, nullo modo transferri potest[2].

Recte ceduntur homina, non modo ea quæ petitionibus, verum etiam quæ exceptionibus tantum continentur[3]; sic minime refert, utrum in civili obligatione, seu prætoria, an in naturali orta sit actio, quia et causa naturalium obligationum transit (Fr. 40, pr. D., Ad S. C. Trebell., XXXVI, 1).

Præterea non solum in personam actiones cedi possunt, verum et in rem, cum enim actionis nomen generale sit omnium, sive in rem, sive in personam actionum, et apud omnes veteris juris conditores hoc nomen in omnibus pateat (C. 9, C., De hered. v. act. vend., IV, 39).

Venduntur etiam atque emuntur nomina eorum qui sub conditione vel in diem debent; sunt enim hæ res quæ emi et venire possunt (Fr. 17, D., De her. v. act. vend., XVIII, 4). Transferuntur præsentes actiones et futuræ, suspenso futurarum effectu, et hæ quoque de quibus ambigitur an unquam sint exstitura et qualem habitura sint exitum (C. 3, C., De donat., VIII, 54.)

Non solum specialis actio, sed et universitas actionum recte venditur, veluti totum mercedis calendarium.

---

[1] Vangerow, p. 116.
[2] Mühlenbruch, Cess. Ford., § 21, p. 218.
[3] Mühlenbruch, Doct. Pand., § 497, p. 818.

Igitur cessione transferuntur nomina quæ ex delictis nascuntur (Fr. 12, pr., D., De verb. sign., L, 10), et ea quorum quidem causa ita cedenti cohæret, ut ipsa ad alios nequeat transferri (Fr. 24, pr., D., De minor., IV, 4).

Omnes igitur, ut breviter dicamus, transferri possunt actiones, nisi specialiter exceptæ.

Sunt tamen nomina quæ non patiuntur cessionem ; de quibus regulam tradere solebant hanc : quæ non sint ad heredes transmissibilia, ea nec per cessionem transire, et inverse quæ sint transmissibilia ad heredes, ea per cessionem transire. Quæ cum falsissima sit regula, alia in hacce explicanda quæstione nobis ingredienda erit via [1].

Jam vero ratio cessionem imped'ens aut in ipso inest nomine, eique cohæret, aut in personis, seu adventitia quadam qualitate [2].

I. In priori genere triplicem ob causam impeditur quominus fiat cessio ; aut enim in eorum non sunt actiones jurium numero, quæ ad rem familiarem spectant, aut cum persona sunt cohærentes petitoris, aut in alius causæ tanquam sunt accessoriis.

Cedi igitur nequeunt actiones :

1° Quæ aut suapte natura aut ex civili ratione non sunt in bonis, nec ad patrimonium sunt referendæ hominum, ut : a) Populares actiones quæ sunt omnium, nec cujusdam propriæ esse possunt, nam qui his actionibus nacti sunt, non propterea locupletiores putantur (Fr. 5, D., De pop. act., XLVII, 23) ; b) hæ quæ vindictam spirantes solent vocari, ut sunt actio injuriarum,

[1] Mühlenbruch, Cess. Ford., § 23.
[2] Mühlenbruch, Doct. Pand., § 497, p. 523; Vangerow, p. 117.

quærela inofficiosi testamenti et actio revocatoria donationis propter ingratitudinem, quæ quidem omnes post litem contestatam ad successores transeunt (Fr. 28, D., De injur., XLVII, 10);

2° Eæ quæ persona nonnumquam cohærent et quæ pertinent ad rem familiarem, aliæ quidem lege, aliæ ex pacto vel ex testamento, aliæ propter ipsius obligationis naturam, et ita propriæ sunt cujusdam hominis ut omnino ab eo separari, et transferri ad alium non possint. Quo in genere sunt: a) Cum eæ quarum usus pendet ex certa personæ qualitate, eaque tali quæ ad alios nequit transferri, ut actio qua agitur ad uxorem exhibendam et ducendam, seu ad liberos exhibendos (D., De liber. exhib., XLIII, 30); b) tum vero quæ mutuo quodam continentur inter creditorem et debitorem vinculo, hoc pacto, ut cum alter jure suo alii cedit, simul etiam do sua ipsius obligatione videtur statuisse, ut sunt mandatum, locatio conductio, societas.

3° Ea jura quæ, ut accessiones alius juris cum eo tam anguste conjuncta sunt, ut per se solæ nequeant cedi, et his peremptis, intereant, neo separatim consistere possint. Inter ea numerantur: a) Actiones servitutum; b) tum etiam quæ adversus fidejussorem, vel pignoris persequendi causa comparatæ sunt.

II. Ex personis hæ potissimum vetitæ sunt cessiones, quas jam supra, cum de subjectis cessionis loculi sumus, vidimus: a) Quæ in potentiorem fiunt, non eo consilio, ut jus ad alium transferatur, sed ut debitori noceatur; b) quæ tutoribus fiunt vel curatoribus adversus eos qui ipsorum subjiciuntur tutelæ vel curæ; c) quæ patri adversus filium aut filio adversus patrem fiunt.

III. Ex adventitia causa denique litigiosarum actionum cessiones prohibentur[1].

Jam, sicut diximus, lex duodecim tabularum rem litigiosam diis consecrari vetuit. Vetuit praeterea edictum provinciale omnem alienationem quae judicii mutandi causa dolo malo facta esset, etiam si futuri judicii causa, non ejus quod jam esset.

Prohibuit pari modo omnes alienationes quae eo animo factae essent ut molestus debitori adversarius pro cedente subjiciatur[2].

Illis legibus quae dolo malo factae essent cessiones solae prohibentur, postea vero dolus malus ejectus est, quia post litem contestatam omnes malae fidei esse possessores incipere censebatur (Fr. 20, § 11, 25, § 7, D., De hered. pet., V, 3).

Ne obliviscamur tamen *rerum litigiosarum* modo cessionem illis prohibitionibus coerceri, sed imperator Constantinus et postea Gratianus, Valentinianus et Theodosius imperatores item alienationem chirographorum ambiguorum, quae fisco vel potentioribus fieri posset, prohibuerunt, etiam si testamento vel codicillo facta esset (C. 2, 3, C., De litig., VIII, 37).

Justinianus autem ita innovavit et constituit: Ut si quis lite pendente vel actiones vel res quas possidet ad alium quemdam transtulerit, sive scientem sive ignorantem, vitio litigiosi contractum subjacere, distinctione quadam inter contrahentes observanda, ut si quis sciens vel ad venditiones, vel ad donationes, seu alios contractus accesserit, cognoscat se compellendum non tantum rem redhibere, sed etiam pretio ejus privari non

---

[1] Vangerow, p. 123.
[2] Mühlenbruch, *Cess. Ford.*, § 29, p. 350.

ut lucro cedat ei qui rem alienavit, sed ut etiam alia tanta quantitas ob eo fisci juribus inferatur. Sin autem ignorans rem litigiosam emerit vel per aliam speciem contractus eam acceperit, tunc irrita alienatione facta, pretium cum alia tertia parte recipiat.

Omnibus instrumentis, quæ super hoc conficiuntur, nullam vim obtinentibus, exceptis videlicet hujus sanctionis dispositione, his qui vel dotis nomine vel ante nuptias donationis, vel transactionis, aut divisionis rerum hereditariarum factæ, vel per legati, vel per fideicommissi causam tales res vel actiones dederint vel acceperint (C. 4, C., De litig., VIII, 37).

SECTIO IV.

DE EFFECTIBUS CESSIONIS.

Videamus nunc quænam cessionis sit vis ac potestas, et hoc nobis triplicem in modum considerandum ac explicandum est, circa juris rationem quæ obtinet: I, inter cedentem et debitorem, II, inter cedentem et cessionnarium, III, inter cessionnarium et debitorem.

§1.

Inter cedentem et debitorem.

Nulla inter cedentem et debitorem per cessionem efficitur mutatio, jusque post cessionem in capite cedentis, ut antea, residet, remanetque venditor actione cessa dominus actionis et creditor[1]; est enim subtilitas quædam juris, qua fingitur actiones a contrahentibus separari non posse. Quo fit ut ro adhuc integra,

[1] Vangerow, p. 114.

id est si debitori nondum denunciatum sit cessionem esse factam, vel aliter cedens ne agere possit non impediatur, recte contra debitorem actiones agere cedentem licet, atque etiam debitorem liberare, accepto debito (C. 3, C., Mand., IV, 35). Paciscitur etiam cedens cum debitore et transigit, ita ut per id repellatur cessionnarius, cui tamen quidquid ex pactione consecutus sit, restituere debet cedens.

Itaque ut nihil nisi per se fieri possit, necesse est cessionnarius debitorem certiorem faciat, sibi cessionem esse factam. Nam si de ea re certior factus nihilominus cedenti solverit debitor, iterum cessionnario solvere legibus constringi potest (Fr. 55, D., De procurat., III, 3). Non enim errore deceptus est, qui gnarus cessionis illi solvere voluerit, qui haud obscure jura sua ad alium transtulerit, nec sine mala fide debitum exigere potuerit.

Si post cessionem denunciatam, cedens debitorem persequi velit, is illum lege doli exceptione repellere possit. Itaque si cognita cessione tamen cedenti solvat debitor, condictione indebiti ab illo recuperare possit quidquid solverit.

§ 2.

Inter cedentem et cessionnarium.

Quæcunque sit cessionis natura, oportet cedentem omnibus iis muniat cessionnarium quibus ille sese ad rem legitimare atque creditum recuperare possit. Tradenda sunt igitur cessionnario omnia, quæ ad rem pertinent, documenta[1]. Restituenda sunt præterea a

[1] Mühlenbruch, Cess. Ford., § 63, p. 621.

cedente cessionnario omnia quæ a debitore sive per solutionem, seu alio quovis modo, consecutus sit (Fr. 23, § 1, D., De hered. v. act. vend., XVIII, 4); Datur itaque cessionnario actio ex illo contractu per quem cessio facta est; igitur si venditionis titulo facta est, emptor instituet contra cedentem actionem empti.

Obligatur cedens ut quidquid vel actioni persequendæ inserviat, vel ad ipsum eo nomine pervenerit, præstet cessionnario; præstandæ sunt omnes actiones cum accessoriis et omni jure quod habet ipse ex illa quidem causa, adversus debitorem et adversus intercessores (Fr. 6, 23, pr., D., De hered. v. act. vend., XVIII, 4).

At plerumque veritatem tantummodo nominis præstare debet, non autem bonitatem (Fr. 4, D., De hered. v. act. vend., XVIII, 4) [1]. Quid autem per veritatem, quid per bonitatem intelligimus actionum?

Ut vera sit actio, non sat est eam revera existere, esse aliquem qui debeat et cedentem eum esse cui debetur; oportet etiam ut omnino actio sit qualis venditur, quod nempe ad quantitatem debitam, ad pignora, ad cautionem, quæ cum ea conjuncta sint, attinet. Oportet præterea ut nullum ab alio justæ reclamationis periculum contineat; oportet denique ut cessionnarius nulla possit exceptione repelli, ut nihil jure opponi possit, ut exceptio solutionis, acceptilationis, compensationis, transactionis, jurisjurandi, non numeratæ pecuniæ, metus, senatus-consulti Velleiani seu Macedoniani, et alia similis [2].

Bona vero actio est cum solvere potest debitor, et in ea fortunarum et rei familiaris conditione versatur, ut

---

[1] Mühlenbruch, Cess. Ford., § 64, p. 623.
Mühlenbruch, Cess. Ford., § 64, p. 626.

se possit liberare; ad quod præstandum nulla lege cedens obligatur. Omnia rei pericula cessionnarii sunt,
ipse sibi enim imputet, si debitor se non liberare potuerit, neo officit periculum jam tempore venditionis
adfuisse (Fr. 30, *D.*, *De pign. et hyp.*, XX, 1).

Quod si nihil est in obligatione nisi ut actionibus cedatur, neo quidquam præterea peti potest a cedente
(Fr. 31, pr., *D.*, *De act. empt. et vend.*, XIX, 1); tum ne
quidem verum esse nomen, præstare tenetur cedens ;
item ne quidem cedens de veritate actionis spondere
debet, ubi cessionem ea conditione transtulerit si revera
quid debitum existit (Fr. 4, *D.*, *De hered. v. act. vend.*,
XVIII, 4), aut si gratuito titulo cessio facta est (Fr. 18,
§ 3, *D.*, *De donat.*, XXXIX, 5).

Contra de bonitate debiti spondendum erit cedenti,
cum periculum nominis pacto in se recepit, ut si verum et bonum nomen promiserit, non si sola evictio
promissa esset; tum etiam propter eam, quæ ipsi inest
cessionis causæ, vim ac potestatem, velut cum nomina
in dotem sunt data, dummodo negligentiæ culpa in
recuperando credito vacuerit,

Si cedens dolum malum admiserit ut cessionarium
ad cessionem suscipiendam induceret, etiam solvendo
esse debitorem præstare cogetur, ut si sciverit debitorem cessum brevi decocturum aut actionem inanem
esse, idque emptorem dolo malo celaverit.

§ 3.

Inter cessionnarium et debitorem.

Pro cessionnario cessionis vis ea, et effectus hic est
ut actio ad ipsum pertineat, quam pro arbitrio suo vel

---

1 Mühlenbruch, *Doct. Pand.*, § 499, p. 632.

persequi vel negligere potest, vel heredibus suis relin-
quere, legare, aliisve cedere. Nullum tamen inter eum
et debitorem juris vinculum reipsa existit, sed in ejus
voluntate positum est, ut id vinculum fiat et directo
debitor erga eum obligetur, denunciatione cessionis
facta (G. 4, C., *Quæ res pign. obl.*, VIII, 17)[1]. Potest illa
denunciatio judiciaria esse vel extrajudiciaria; omnis
alius modus quo debitor cessionis certior factus esset,
non eum erga cessionnarium obligare potest; sola denunciatione obligatur, a cessionnario vel ejus jussu
facta.

Attamen jus romanum duobus in casibus hanc de-
nunciationem inutilem censet, et debitorem erga cessionarium obligatum statuit, dum quolibet modo cessionem factam esse noverit: si venditor hereditatis,
emptori mandatis actionibus, cum debitore hereditario
transegit et emptor debitum ab eo exigere velit, debitor, si venditam esse hereditatem nescierit, exceptionem transacti negotii contra eum invocare poterit. Sed
facile ab ea exceptione depelletur, si eum venditæ hereditatis gnarum fuisse constet. Quod idem evenit si
quis fideicommissam receperit hereditatem, atque heres
cum ignorante debitore transegerit (Fr. 17, *D.*, *De
transact.*, II, 15). Tum etiam inutilem esse denuncia-
tionem manifestum est, cum debitor vel verbis suis ad
cessionem accesserit, vel cum partem debiti in manus
cessionarii solverit. Interdum denunciatio non fit quia
debitor, cum cessio facta est, adfuerit. Alia de causa
etiam expedit ut debitor, cum fit pactio, adsit; nam
præsentia sua ille debitum fatetur, nec postea aut exis-

---

[1] Mühlenbruch, *Cess. Ford.*, § 47, p. 493; Vangerow, p. 113.

tentiam, aut validitatem obligationis negaro potest.

Cessionnarius in jus alterius succedit, eademque ejus est conditio, quæ cujusvis juris, alieni successoris; ejus qui contraxit jure utitur, scilicet actione et omnibus quæ cum ea conjuncta sunt. Sub eodem modo utitur, quo cedens usus esset, nec major ejus potestas esse potest quam cedentis (Fr. 2, pr., 6, 23, pr., D., *De hered. v. act. vend.*, XVIII, 4).

Dicendum nobis est quæ sint ea jura quæ per cessionem contra debitorem cessionnarius consequatur, quasque ei debitor opponere possit exceptiones.

1. *De quibus cessionnarius juribus uti possit.*

Primum illud in duas scinditur partes. Quærendum nempe erit quæ ea sint cedentis jura quæ ad cessionnarium transeunt, deinde quomodo hic propriis juribus uti possit?

A. *De juribus cedentis.*

Consequitur cessionnarius exercitium actionum cessarum ex jure et persona cedentis in suam utilitatem. Sed quæstio hæc, an et quatenus cedentis privilegio personali uti queat cessionnarius? difficilis, dubia et venenosa semper visa fuit jurisconsultis, a qua tanquam a vipera abstinendum sit[1].

Non de alia re hic agi poterit nisi de exercitio ipsius privilegii; non vero ejus quod ante cessionem ex privilegio ortum sit, et ad creditum accessit; hoc enim manifestum est ad cessionnarium transire, quia non a credito avelli potest.

---

[1] Mühlenbruch, *Cess. Ford.*, § 56, p. 556.

Haud in ea distinctione morabimur quæ inter privilegia causæ et privilegia personæ facta est, quarum prima ad cessionnarium transmitti possunt, altera non transeunt, inter cessionnarium qui actione directa, eisdem juribus quibus cedens, agit, et eum qui per actionem utilem ex sua persona agit. Sed naturam ipsam privilegiorum atque eorum cum actione cessa connexionem considerabimus, sicque rem explicabimus.

Transit actio una cum juribus ei, quamvis singulari jure, adhærentibus, et cum ipso nomine conjunctis, nec nominatim ac peculiari ratione exceptis (Fr. 42, D., De adm. et peric. tut., XXVI, 7)[1]; quamvis illa sententia nullis satis explicitis legum romanarum verbis et formulis nitatur, nec omnibus quidem auctoribus probetur, duabus tamen legum præscriptionibus nititur hæc nostra opinio; tribuit cessionnario fisci lex 43 de usuris (D., XXII, 1) jus petendi usuras quæ in stipulationem non sunt deductæ, et lex 6 de in integrum restitutionibus (D., IV, 1) omni successori minoris qui potuit restitui, beneficium restitutionis in integrum, etsi ista privilegia personalia sunt; nec absurdius facit qui duos illos casus applicationes consuetæ normæ esse censet, quam qui exceptiones legis cujusdam, quam exstitisse dicunt.

Quæ vero cum ipso nomine haud sunt conjuncta jura, ea, etsi creditori ipsi jus suum persequenti prodesse possint, non transeunt ad cessionnarium[2], ut sunt quæ ad litigandi modum spectant privilegia, et eis modo prosunt qui jus aliquod suo nomine in judicio persequuntur, ut privilegia fori et de non appellando.

---

[1] Mühlenbruch, Doct. Pand., § 500, p. 533; Vangerow, p. 129.

[2] Mühlenbruch, loc. cit.; Vangerow, p. 130.

Ejusmodi etiam est jus retentionis per quod creditor, cui pignus obligatum fuerit, retinere potest illud pignus dum debitor eam pecuniam solverit, cujus nomine pignus obligaverit, et etiam pro illa satisfecerit quam mutuam simpliciter acceperit; quod autem jus in secundo creditore locum non habet (*C. un. C. Et ob chirogr.*, VIII, 27)[1].

B. De privilegiis cessionnarii.

Contra suis ipsius privilegiis, quatenus quidem ad cessi juris vim et potestatem pertinent, uti plerumque prohibetur cessionnarius (Fr. 38, *D., De minor.*, IV, 4), quia nec amplius nec minus juris habere potest quam cedens ipse, nec per cessionem debitoris conditio durior fieri debet[2]. Fisco tamen excepto, qui cum in privati jus succedit, privati jure pro anterioribus suæ successionis temporibus utitur, suo autem privilegio posteaquam successit. Et quidem usuras exinde petit fiscales, etsi breviores debeantur, ex quo convenit certum debitorem et confitentem tempore; ceteris privilegiis tamen exinde locum est, ex quo inter nomina debitorum relatum est nomen (Fr. 6, *D., De jur. fisc.*, XLIX, 14).

Ea autem quæ cum ipso nomine non sunt conjuncta, ut quæ ad litigandi modum ac rationem spectant, privilegia, cessionnario competunt.

2. De exceptionibus quæ debitori competunt.

Omnium exceptionum tria, si originem earum consideramus, genera sunt: 1° Ex ipsa descendunt cessæ

---

[1] Mühlenbruch, *Cess. Ford.*, §§ 56 et 57; Glück, § 1019.
[2] Vangerow, p. 133; Mühlenbruch, *Doct. Pand.*, § 500, p. 533.

actionis causa, sive reus ipsa actionis natura nitatur, et
in ejus origine promat exceptionem suam), sive conten-
dat veram esse, quod ad originem pertinet, actionem,
sed facto actoris deletam esse; quæ utique omnes pro-
derunt debitori; 2° nasci possunt ex mutua quadam
litigantium inter se personarum conjunctione, eo ratione, ea, nisi adsit illa ratio, frustra ad excludendum
cessionnarium opponuntur a debitore; 3° aut ex persona
debitoris descendunt; eas debitor contra omnes objicit[1].

Inter exceptiones quæ duobus primis generibus continentur, aliæ ad personam cedentis, aliæ ad personam
cessionnarii pertinent. Videndum igitur erit quibus
debitor exceptionibus uti possit: A, ex persona cedentis, B, ex persona cessionnarii, C, ex sua ipsius persona.

A, Ex cedentis persona.

Ex persona cedentis omnibus iis uti potest debitor
exceptionibus quæ sive ex origine actionis oriuntur,
sive ex eo quod creditum exstinctum esse contendatur.

Inter priores sunt exceptiones doli, senatus-consulti
Vellejani et Macedoniani, simulationis, indebiti pro-
missi, læsionis ultra dimidiam.

Inter posteriores exceptiones sunt omnes quibus in-
tendit reus, jam eo tempore quo solvi potuerit cedenti,
solutione, compensatione, aliisve obligationum tollen-
darum formis, exstinctum esse nomen.

Personæ vero cohærentibus ex persona quidem cedentis minime utetur, velut ex pacto de non petendo,
eoque in personam concepto (Fr. 28, § 2, 57, § 1,
D. De pactis, II, 14)[2].

[1] Mühlenbruch, *Doct. Pand.*, § 500, p. 534.
[2] Mühlenbruch, *Cess. Ford.*, § 60; Vangerow, p. 125.

B. *Ex persona cessionarii.*

Ex cessionnarii persona doli quidem exceptione omni modo utitur (Fr. 4, § 18, 19, D., *De doli mal.*, XLIV, 4), ex reliquis autem tum his, quæ aut ipso jure tollunt obligationem, aut quarum nata est causa postquam certiorem fecit debitorem cessionnarius de actione sibi translata, tum vero illis quæ semper agentibus obstant, quarum in numero est quam legitimationis ad causam recentiores appellare consueverunt exceptionem, et exceptio legis Anastasianæ[1].

C. *Ex persona debitoris.*

Ex sua ipsius persona eas debitor objicit exceptiones quæ ex jure simpliciter sibi concesso proficiscuntur, nec certæ cohærent obligationi, velut moratorii exceptionem, aut exceptiones quæ ex privilegio militum, eorum qui reipublicæ causa absunt, et eorum qui in aliena potestate sunt, oriuntur; hæc enim privilegia tributa sunt certis quibusdam personis et illis contra quemlibet competunt.

At quæ mutua quadam litigantium inter se personarum conjunctione ac ratione continentur exceptiones, eæ nisi adsit illa ratio, frustra ad excludendum concessionnarium opponuntur a debitore.

Quarum sunt quæ in beneficio competentiæ, quod inter parentes et liberos, fratres et sorores, sponsos aut socios existit, oriuntur, quæque nonnisi contra eas personas invocari possunt, quæ illas habent qualitates.

[1] Mühlenbruch, *Cess. Ford.*, § 61.

3. De replicationibus.

Præterea nobis exponendum erit quas cessionnarius exceptionibus, a debitore invocatis, opponere possit replicationes [1].

Replicis ex cedentis persona cessionnarius utitur his, quæ cum exceptionum, ab eo petitarum, causa cohærent, etsi illæ singulari jure introductæ sunt, velut privilegium quod fisco concessum est, ne promiscue adversus eum compensatione utantur debitores (C. 1, C., De compens., IV, 31; Fr. 46, 4, D., De jur. fisc., XLIX, 14); ex ipsius vero persona cum iis quæ ad exceptionum ab eo petitarum causam spectant, tum vero quibus adversus quemvis uti potest adversarium.

Quemadmodum autem pati exceptiones necesse non habet cessionnarius, quæ ad causam in judicium deductam minime referendæ sunt, sic etiam cogi nequit, ut ad reconventionem respondeat, cujus quidem causa ad ipsum pertineat cedentem.

SECTIO V.

DE LEGE ANASTASIANA.

Supra vidimus restrictiones quasdam, quibus cessio per legem duodecim tabularum, et varia edicta constitutionesque imperatorum, ad tuendum debitorem subjecta erat.

Prohibebantur præcipue laudabili severitate omnis ad potentiorem facta cessio, et omnis cessio rerum litigiosarum.

Cum tanta essent propugnacula quibus leges debit-

---

[1] Mühlenbruch, Doct. Pand., S 500, 534.

torem munire ac tueri conatæ essent, non tamen omnes creditorum insidias et fraudes impedire valuerunt.
Erat enim fraus quædam quæ creberrime Romæ fieri
solebat, redemptio litis: quæ non opprimebat quidem
debitorem, graviori tamen difficultate eum constringe-
bat. In eo enim constabat illa litis redemptio, ut redemptor alienam litem, accepto salario vel emolu-
mento, acciperet. Sæpissime eveniebat ut advocati hoc
modo redemptores vel concinnatores litium fierent,
promissa pecunia litis causa (Fr. 9, § 2, D., De off.
proc., I, 16)[1].

Illæ machinæ, quas Quinctilianus piraticum morem,
abominandam negociationem, jure appellat, omnibus
prohibitæ erant (C. 20, pr., C., Mand. v. contr., IV, 35)
illique qui hoc delicto sese contaminaverant advocati,
advocationibus interdicebantur (Fr. 6, § 7, D., Mand.
v. contr., XVII, 1)[2].

Attamen hæc omnia debitores non diu tuita sunt;
facile enim litis redemptio veræ cessionis specie et nomine induebatur, ut non vero accepto pretio, sed mi-
nore, res cessa ad redemptorem transferretur; itaque
non omnia quæ sibi jam antiquitus cordi fuerant, jus
romanum confecerat.

Confecit demum Anastasius imperator ea quæ sub
nomine Per diversas nota est constitutione (C. 22, C.,
Mand. v. contr., IV, 35) et constituit his verbis:

Per diversas appellationes ad nos factas, comperi-
mus quosdam alienis rebus fortunisque inhiantes, cessiones aliis competentium actionum in semet exponi
properare, hocque modo diversis personas litigatorum

---

[1] Vangerow, p. 136.
[2] Mühlenbruch, Cess. Ford., § 30, p. 366.

vexationibus afficere, cum certum sit pro indubitatis obligationibus eos magis, quibus antea supputebant, jura sua vindicare.

Per hanc itaque legem jubet imperator in posterum hujusmodi conamen inhibere, nec enim dubium ei visum est, redemptores litium alienarum eos esse qui tales cessiones in se confici cupiunt: ita tamen, ut si quis, datis pecuniis, hujusmodi subierit cessionem, usque ad ipsam tantummodo solutarum pecuniarum quantitatem et usurarum ejus actiones exercere permittatur, licet instrumento cessionis venditionis nomen insertum sit.

Optimum profecto lege illa constituebatur cum debitorem adversus creditorem tueri, et insidiosi cessionarii vexationes ab eo prohibere conaretur. Censemus tamen Anastasium, indignatione obreptum, nimiam adhibuisse severitatem, nec ea prudentia qua opus fuisset, ingruentem pestem cohibuisse [1].

Nam, dum redemptores litium id est fraudulentem cessionnarium, rebusque et fortunis alienis inhiantem persequitur, percellit cum illo omnis generis cessionnarium, eum quoque qui bona fide actiones adeptus sit, dummodo minoris aliquando pretii illas emerit. Haud tamen raro evenit, ut honestissimus vir honestissimo viro minoris actionem quamdam pretii vendat, quam verum constitutumque pretium, et dolum hic secundum leges subesse nequaquam credibile est, cum diminutio pretii nil nisi compensatio sit cessionnario propter incommoda quaedam quae actionibus illis adhaereant.

[1] Mühlenbruch, *Cess. Ford.*, § 33, p. 532.

Exinde haud inconcinnum dicere videntur qui constitutionem isam Anastasianam propositis suis excedere, neo eas, quas insectatur, machinationes, omnino impedire, contendunt; nam iis hominibus avidis lucri, qui omnibus dolis severitati legum sublerfugere didicerunt, ipsa facilem viam ad omnes illas Anastasianas prohibitiones eludendas monstrat; nam verbis suis cessionem per donationem factam exceptam esse profitetur, et ita hi qui circa lites morabantur, partem quidem actionis venditionis titulo, reliquam autem partem per coloratam donationem in se transferre solebant.

Justinianus autem, generaliter Anastasianæ constitutioni subveniens, sancivit nulli licere partem quidem debiti cedere pecuniis acceptis, et venditione actionum habita, partem autem donationis titulo videri transferre, vel ipsi qui emptionem actionis partim subit, vel forsitan alii per suppositam personam (quod sæpius perpetratum fuit), et hujusmodi machinationes penitus amputavit, ut nihil cessionnarius amplius accipiat quam ipse vero contractu reipsa persolvit.

Et si quis donationem quidem omnis debiti facere adsimulaverit, ut videatur esse tota donatio, aliquid autem occulte susceperit, et in hoc casu tantummodo exactionem sortiri ejus quod datum esse comprobetur, et si hoc a debitore persolvatur, nulla contra eum ex dissimulata donatione oriatur molestia (C. 23, C., *Mand. v. contr.*, IV, 35).

Accuratius nunc has constitutiones, *Per diversas* et *ab Anastasio*, consideremus.

I. In illas modo cessiones sunt facta ambo, quæ datis pecuniis pactæ sint, sive venditionis titulo, sive pr

donationem pecuniis clandestinis acceptis, et ipsis verbis constitutionis *Per diversas* excluduntur eæ cessiones
quæ permutationis nomine fiunt, aut in dotem datæ
sunt, quia in his non sunt datæ pecuniæ.

Excipit quidem Anastasius quasdam species, in quibus constitutionem locum habere non vult, quæ sunt
a) Cessiones quascumque, vel creditor, vel is qui res ali-
quas possidet, pro debito seu rerum apud se constitu-
tarum munimine ac tuitione accipit, et *b)* cessiones
quæ inter coheredes pro actionibus hereditariis fieri
contingit, et quæ inter legatarios seu fideicommissa-
rios, quibus debita, vel actiones, seu res aliæ relicta
sunt, pro his fieri necesse sit. Non enim, tale ratione
intercedente, redemptor existit qui alienas subiit cessiones, quod etiam locum habere videtur in iis quæ
pro communi dividundo fiunt cessiones, etsi specialiter
exceptæ non sint.

2. Facile intelligitur cessionem necessariam non in
constitutionibus, de quibus loquimur, esse compre-
hensam, cum ipsa cessionis hic natura omnem suspi-
cionem redemptionis tollat.

8. Tunc solum applicari possunt, cum res debita fungibilis est, nam si non est fungibilis, debitor non libe-
rari potest, nisi in specie rem debitam restituat, nul-
laque ei reductio fieri potest.

4. Præterea enim non applicantur, cum ejus modi
generis sit res, ut quanti emptum sit, quod ceditur,
non dici potest, quod evenit cum universitas nominum
vel actionum vel bonorum ceditur.

5. Si debitum cedens nulla simulatione vel fraude
alii dederit et per donationem, nullis latentibus usus
dolis, actiones transtulerit, hujus modi nequaquam

imperatores cessionibus adversantur (C. 22, 23, pr., C., Mand. v. cont., IV, 35).

Præter illos nulli exstitisse videntur casus, quibus eæ constitutiones, de quibus loquimur, non applicari possunt, etsi arctioribus, quam ut laudari debeant, terminis Anastasius et Justinianus jus cedendi constrinxissent, sed ipsis legum verbis omnes, nisi quas exposuimus, exceptiones removentur[1].

Itaque nihil amplius cessionarius a debitore persequi potest, nisi quæ cessionis auctore præstitit, cum usuris; nunquam interusuras ei exigere licet.

Si debitor exceptionem ex lege Anastasiana inducit, et quod ipse dederit cessionarius pretium cum usuris solvit, jure debitum totum exstinguitur, neque ei qui cessit actiones, neque ei qui eas suscipere curavit, aliquid lucri vel remanere, vel aliqua res contra debitorem vel res ad eum pertinentes, utrique eorum esse potest (C. 23, § 1, C., Mand. v. cont., IV, 35), ne quidem naturalis obligatio quam ipsa constitutionis verba nobis excludere videntur[2].

Cessionnarius ad ipsam tantummodo solutarum pecuniarum quantitatem exercere permittitur, sequitur eum qui nomen emerit probare debere se solidum solvisse, si integrum debitum persequi velit, sive exhibitione documenti quod de cessione confectum fuerit, sive alio quovis modo[3].

De alia nobis posteriore constitutione Justiniani, qua Anastasii divæ memoriæ meminit, et ad nominum cessiones pertinet, paululum dicendum superest. Cavet

[1] Mühlenbruch, Cess. Ford., § 33, p. 839 et suiv.
[2] Vangerow, p. 138.
[3] Vangerow, p. 140.

3

illa no is qui data pecunia actionem susceperit plus
consequatur quam ipso dederit; eas personas autem
quæ in duobus anterioribus constitutionibus exceptæ
erant; eidem, cui cæteras, juri submittit; statuitque
ut is qui pecunias dedit, eas tantum cum usuris consequatur, et nihil amplius. Quod si cessio actionum fiat
mera donationis causa, eam valere voluit, nisi si in
fraudem facta sit.

Illa autem constitutio non est authentica, sed a
Cujacio tantum restituta et idcirco dubiæ auctoritatis.
Sunt qui eam unquam factam esse negent, Cujacium
vero, cum in basilicis græcæ editionis constitutionis
ab Anastasio fragmenta reperisset, novam recentio-
remque hanc credidisse affirment, eamque sicut antea
exposuimus explicavisse[1]. Quod nobis etiam probabile
videtur, quia id jus, quod ab ea introductum est, tam
insolens, tamque iniquum esset, ut non debitores contra fraudem muniti, sed ipsa cessio in iis rebus quibus
sæpissime fit impedita videatur.

[1] Mühlenbruch, *Cess. Ford.*, § 83, p. 838.

———————

DROIT FRANÇAIS.

Du bénéfice d'inventaire[1].

INTRODUCTION.

L'acceptation sous bénéfice d'inventaire est un mode d'acceptation des successions, qui donne à l'héritier l'avantage de n'être tenu des dettes et charges que jusqu'à concurrence des biens de la succession et de ne pas confondre ses biens personnels avec ceux du défunt[2].

C'est un moyen terme, un parti mitoyen, entre l'acceptation pure et simple qui soumet l'héritier à toutes les charges sans exception, quand même elles excèdent de beaucoup les bénéfices, et la renonciation qui le dépouille de tout sans retour, encore que par l'événement l'actif se trouve surpasser de beaucoup les dettes. Le but du législateur, en introduisant le bénéfice d'inventaire, était de ne pas laisser l'héritier entre la crainte

[1] Aut. cit. MM. Aubry et Rau, *Cours de droit civil français d'après Zachariæ*, 3ᵉ éd., t. V; Demolombe, *Traité des successions*, t. III; Bilhard, *Traité du bénéf. d'invent.*; Dalloz, *Jurispr. génér.*, t. XLI. *Succession.* Rolland de Villargues. *Répert. du notar. Bénéfice d'inventaire.*

[2] Demolombe, nº 103.

d'une ruine totale par une acceptation hasardée, et la certitude d'un dépouillement absolu par une renonciation méticuleuse [1].

Ce n'est pas que l'acceptation bénéficiaire ne puisse avoir elle-même ses chances et ses périls, et ce serait une grave erreur de croire que c'est toujours là le meilleur parti à prendre pour un héritier.

D'un côté la renonciation est, sans contredit, préférable à l'acceptation même bénéficiaire, lorsqu'il est certain que le défunt a laissé plus de dettes que de biens; elle épargne à l'héritier les ennuis et pertes de temps qu'occasionnent l'administration d'une succession acceptée sous bénéfice d'inventaire, la vente des biens, la poursuite des débiteurs, le paiement des dettes; elle le sauve des dangers qu'entraîne cette administration, car l'héritier est responsable des fautes qu'il commet, et s'il fait, par imprudence ou par ignorance, un acte qui dépasse les pouvoirs d'un administrateur, il peut devenir héritier pur et simple et être privé de tous les avantages qu'il a cherchés dans l'acceptation bénéficiaire. La renonciation peut même être préférable, dans le cas où il est certain que le défunt laisse plus d'actif que de dettes, lorsque les libéralités faites à l'héritier entre vifs par le *de cujus*, et dont il doit le rapport à ses cohéritiers, excèdent sa part héréditaire, après le paiement des dettes et charges de la succession.

D'un autre côté l'acceptation bénéficiaire n'est pas même toujours préférable à l'acceptation pure et simple. Que gagne, en effet, l'héritier à accepter bénéficiaire-

---

[1] *Exposé des motifs*, par Treilhard; Locré, t. X, p. 103.

ment lorsqu'il est certain, évident, que la succession
n'est pas onéreuse? Quel intérêt peut-il avoir, en définitive, à occasionner les frais qu'entraîne le bénéfice
d'inventaire, et qui retombent forcément à sa charge,
à se soumettre à une administration assez compliquée,
lorsque d'ailleurs ce mode d'acceptation ne peut lui
offrir aucun avantage [1]?

Mais du moins, lorsque la situation de la succession
est incertaine, et qu'on ne peut déterminer à première
vue si l'actif dépasse les charges, ou s'il leur est infé-
rieur, l'acceptation bénéficiaire préserve l'héritier vis-
à-vis des créanciers, et ceux-ci n'ont pas à s'en plaindre,
car le bénéfice d'inventaire est organisé, d'après la loi,
de manière à ce que les biens de la succession qui
forment leur gage, soient exactement constatés et ad-
ministrés. Deux intérêts opposés, lisons-nous, en effet,
dans l'exposé des motifs de cette matière, doivent toujours occuper le législateur en matière de succession,
celui des héritiers et celui des créanciers [2], et ces intérêts paraissent avoir été conciliés de la manière la plus
satisfaisante par l'institution du bénéfice d'inventaire,
et son usage facultatif, en règle générale, pour l'héritier. On peut même ajouter que cette institution est un
retour au droit naturel, que la nécessité de garantir les
créanciers a fait écarter, et d'après lequel personne
ne devrait être tenu d'acquitter les dettes d'autrui, et
l'héritier ne devrait jamais être obligé que jusqu'à
concurrence des biens qu'il a recueillis et qui forment
seuls le gage commun des créanciers du défunt [3].

[1] Mourlon, *Répétitions écrites sur le Code Napoléon*, t. II, p. 87.
[2] Locré, t. X, p. 191.
[3] Bilhard, n° 97; Rolland de Villargues, n° 2.

Pourtant, ce n'est qu'à une époque assez avancée du droit privé que le bénéfice d'inventaire a fait sa première apparition; encore n'a-t-il pu obtenir partout une force égale. L'origine du bénéfice d'inventaire ne date que de l'empereur Justinien, qui l'a établi par la célèbre constitution *Scimus*, l'an 531 après Jésus-Christ[1].

Il est vrai que le besoin d'une combinaison qui, tout en laissant à l'héritier son titre, garantirait ses propres biens des poursuites des créanciers héréditaires, et limiterait ces poursuites aux biens de la succession, s'était fait sentir longtemps avant Justinien, et avait fait imaginer divers expédients qu'on peut considérer comme les premières ébauches et comme les précurseurs du bénéfice d'inventaire. A ce titre il n'est pas sans intérêt de les passer brièvement en revue.

Le droit romain distinguait trois classes d'héritiers : 1° les héritiers nécessaires; 2° les héritiers siens et nécessaires, et 3° les héritiers externes[2].

I. *Des héritiers nécessaires.* Pour sauvegarder le nom des citoyens romains obérés et ne pouvant faire honneur à leurs affaires, on leur avait permis d'instituer héritier un de leurs esclaves, au nom de qui se poursuivait la vente des biens du défunt, et sur qui rejaillissait l'ignominie de l'insolvabilité; on le nommait héritier nécessaire parce que, bon gré, mal gré, de toute manière, après la mort du défunt, il devenait son héritier. Il n'était pas libéré par la vente des biens héréditaires, et ses propres biens, présents et à venir, étaient affectés au paiement des dettes de la succession. Comme

[1] C. 22, C., *De jur. delib.*, VI, 30.
[2] *Inst.*, *De hered. qual. et diff.*, II, 19.

compensation de ces désavantages il obtenait la liberté.

Pour adoucir les conséquences rigoureuses de la confusion qui s'opérait, d'après le droit strict, entre les biens du défunt et ceux de l'héritier, les préteurs accordèrent à ce dernier un autre avantage, qu'on nommait le *bénéfice de séparation*, par lequel les biens par lui acquis postérieurement à la mort de son patron lui furent réservés, en sorte que les créanciers ne purent plus attaquer d'autres biens que ceux de la succession. Cette séparation était demandée au préteur et accordée par lui à tout héritier nécessaire, pourvu qu'il n'eût pas encore touché aux biens de l'hérédité.

II. *Des héritiers siens et nécessaires.* On appelait ainsi les enfants ou descendants du défunt qui se trouvaient sous la puissance de ce dernier au moment de son décès, non précédés par quelqu'un dans la famille. Ils devenaient également héritiers, bon gré, mal gré, et étaient tenus sur leurs propres biens des dettes et charges de l'hérédité. Outre le bénéfice de séparation, le préteur leur accorda un autre avantage qu'on appelait le *bénéfice d'abstention*, qui consistait à soustraire leur patrimoine propre aux poursuites des créanciers, sous la seule condition de rester étrangers aux biens héréditaires, tout en conservant leur qualité d'héritiers.

Ce bénéfice différait du premier *en la forme*, en ce qu'il suffisait à l'héritier de rester dans l'inaction, de ne se mêler en rien de l'hérédité, tandis que la séparation des biens devait être demandée et obtenue par décret du préteur; *dans les effets*, car, par suite de l'abstention aucune poursuite ne pouvait être dirigée par les créanciers contre l'héritier, tandis que, malgré la séparation des biens, les créanciers conservaient leurs actions contre l'héritier, mais seulement jusqu'à concurrence de la valeur des biens héréditaires[1].

III. *Des héritiers externes.* C'étaient tous ceux qui n'étaient pas soumis à la puissance paternelle du défunt: ils avaient le droit d'accepter ou de répudier la succession, mais l'acceptation les obligeait au paiement des dettes au delà des forces héréditaires. On leur accorda le *droit de délibérer*, c'est-à-dire d'examiner les forces et charges de la succession, avant de l'accepter ou d'y renoncer, pendant un certain délai fixé par les préteurs et qui pouvait être de cent jours à neuf mois[2].

Tous ces moyens, dont les deux premiers ne concernaient que certaines classes d'héritiers et dont le dernier n'empêchait pas toujours l'héritier d'être déçu, étaient loin d'atteindre le but qu'on se proposait. Quant à la restitution en entier accordée à toute espèce d'héritiers, autres que les héritiers nécessaires, elle ne l'était que pour des causes déterminées, la crainte, la violence, le dol, mais non pas la simple lésion, sauf pour les mineurs. Il restait bien les pactes qui intervenaient quelquefois entre l'héritier et les créanciers de la succession, au moyen desquels ceux-ci, donnant à l'héritier mandat d'accepter, s'engageaient eux-mêmes de la sorte à le garantir des conséquences de cette acceptation[3]; mais ce moyen était insuffisant encore, parce qu'il dépendait de la volonté des créanciers[4].

Justinien fut le premier qui offrit aux héritiers une garantie vraiment efficace, en instituant le bénéfice

[1] Ortolan, *Expl. des Inst.*, t. I, p. 618.
[2] Ortolan, *op. cit.*, I, 622.
[3] Fr. 7, § 17, D., *De pact.*, II, 14.
[4] Demolombe, n° 100.

d'inventaire, mais au profit seulement des héritiers qui accepteraient sans délibérer, en leur donnant le choix entre le bénéfice d'inventaire et le bénéfice de délibérer[1]. La seule condition imposée à l'héritier, pour obtenir le bénéfice d'inventaire, était de faire la description exacte des objets successifs, en affirmant qu'il n'en existe pas d'autres.

Le bénéfice d'inventaire produisait au profit de l'héritier deux effets principaux : 1° l'héritier n'était tenu des obligations du défunt que jusqu'à concurrence des forces de la succession[2], et 2° il ne confondait pas ses biens personnels avec ceux du défunt,

Arrivons à notre ancien droit français.

La constitution de Justinien était observée autrefois, en France, sans restriction, dans la plupart des pays de droit écrit, et le bénéfice d'inventaire s'y introduisit naturellement avec la législation romaine, avec tous ses effets et sous la seule condition de la confection d'un inventaire régulier, que l'héritier devait commencer dans les trente jours, et qui devait être achevé dans les soixante jours, à partir du décès.

Le bénéfice d'inventaire avait été reçu également dans les pays de coutumes, mais outre qu'il paraît avoir mis beaucoup de temps à s'y établir, car ce n'est que vers le quinzième siècle qu'on commence à en trouver des vestiges, il n'y fut jamais admis qu'exceptionnellement et sous certaines restrictions très-notables.

C'est ainsi d'abord qu'il fallait, en général, l'obtenir du prince par des lettres délivrées dans les chancelle-

---

[1] C. 22, § 14, C., De jur. delib., VI, 30.
[2] Inst., De hered. qual., II, 19.

ries des Parlements, et qui étaient entérinées par les juges du lieu de l'ouverture de la succession. Il y avait toutefois quelques coutumes qui accordaient expressément le bénéfice d'inventaire, et dans lesquelles, dès lors, l'obtention des *lettres royaux* n'était pas exigée, par la raison, dit Pothier, que la coutume n'ayant force de loi que par la permission du prince, la concession qu'elle faisait, était réputée faite par le prince lui-même[1]. Mais cette exception ne s'étendait pas à celles des coutumes, et c'était le plus grand nombre, qui, comme celles de Paris et d'Orléans, sans autoriser expressément le bénéfice d'inventaire, en supposaient seulement l'existence par des dispositions qui en réglaient l'exercice[2].

En outre, l'héritier qui ne consentait à accepter une succession que sous bénéfice d'inventaire, pouvait être exclu par un héritier d'un degré égal, ou même d'un degré plus éloigné, qui offrait d'accepter purement et simplement. Cette préférence donnée à l'acceptation pure et simple sur l'acceptation bénéficiaire, qui n'avait pas été admise dans les provinces de droit écrit, si ce n'est au Parlement de Bordeaux[3], s'était, au contraire, dès longtemps établie dans les provinces coutumières; elle paraît même y avoir été pratiquée dans l'origine d'une manière absolue sans distinction entre les héritiers directs et les héritiers collatéraux. Les motifs de cette préférence étaient, d'après Pothier[4], l'intérêt de la mémoire du défunt et sa volonté présumée, l'intérêt

---

[1] Pothier, *Des successions*, ch. III, sect. III, art. 2, § 3.
[2] Demolombe, n° 108.
[3] Billard, n° 26.
[4] Pothier, *loc. cit.*

des créanciers et des légataires, et encore les fraudes dont le bénéfice d'inventaire était devenu le moyen. Il y avait même des coutumes, entre autres celle de Normandie, qui n'admettaient l'héritier au bénéfice d'inventaire qu'après qu'on eût fait des perquisitions pour savoir s'il n'y avait pas d'autres héritiers disposés à accepter purement et simplement[1].

Du reste, l'abus qui résultait du trouble apporté à l'ordre des successions, par l'exclusion de l'héritier primitivement appelé, se faisait sentir assez vivement pour que, dès la fin du seizième siècle, lors de la réformation de la coutume de Paris, le droit d'exclusion fût restreint à la ligne collatérale, restriction qui s'étendit peu à peu de coutume en coutume.

Enfin, la loi du 7 septembre 1790 supprima la nécessité de l'obtention des lettres de chancellerie, qui, à cette époque, n'étaient plus exigées que dans un intérêt purement fiscal. Dès lors et jusqu'à la promulgation du Code Napoléon, il ne fut plus exigé, pour l'obtention du bénéfice d'inventaire, qu'un jugement rendu à la requête de l'héritier.

Le Code Napoléon, en admettant le bénéfice d'inventaire, l'a affranchi de toutes les restrictions et de toutes les entraves dont il vient d'être question. D'une part, à la différence du droit romain et des pays de droit écrit, il autorise le cumul du droit de délibérer et du bénéfice d'inventaire, et rend ainsi cette institution véritablement efficace; d'autre part, il maintient la suppression des lettres de chancellerie, supprime la nécessité d'une demande en justice, et abolit le droit d'exclusion de l'héri-

[1] Bilhard, n° 10.

tier bénéficiaire par l'héritier pur et simple; il sauve-
garde en même temps le droit des créanciers, en subor-
donnant l'acceptation bénéficiaire à une condition de
publicité, qui donne aux intéressés un moyen facile et
sûr de connaître les intentions du successible, afin de
les mettre à même de prendre toutes les mesures conservatoires nécessaires.

L'acceptation sous bénéfice d'inventaire diffère de
l'acceptation pure et simple : 1° en ce qu'elle procure
à l'héritier l'avantage de n'être pas tenu des dettes au
delà des forces de l'hérédité, et de ne pas confondre
ses biens, droits et actions avec ceux du défunt; 2° en
lui imposant l'obligation d'administrer les biens de la
succession. Mais l'héritier bénéficiaire n'en conserve
pas moins véritablement la qualité et les droits d'héritier; il est, comme l'héritier pur et simple, saisi de
plein droit des biens, droits et actions du défunt, et la
propriété en réside irrévocablement sur sa tête.

L'héritier bénéficiaire a, comme tout autre héritier,
la saisine légale de la succession; il en résulte: 1° qu'il
exclut les cohéritiers d'un degré plus éloigné; 2° qu'il
n'est pas dispensé du rapport envers ses cohéritiers, et
que ces derniers doivent le rapport envers lui; 3° qu'il
ne peut plus renoncer à la succession; 4° qu'il ne
reste toujours passible des dettes que dans la proportion de sa part héréditaire; 5° que son obligation est
personnelle, comme celle de l'héritier pur et simple;
6° que, s'il se rend adjudicataire des immeubles de la
succession, ces immeubles, s'il est marié lui-même
sous un des régimes de communauté, lui restent propres et ne deviennent pas acquêts de communauté;
enfin, 7° qu'il est tenu, à l'égard de l'administration

de l'enregistrement, des droits de mutation par décès, comme tout autre héritier[1].

Il est propriétaire des biens de la succession, et les conséquences en sont : 1° qu'il les possède *pro suo* ; 2° qu'il transmet l'hérédité à ses successeurs, et, s'il vient à décéder pendant son administration, le droit de mutation par décès est dû, de son chef, sur les biens de la succession ; 3° que, s'il a vendu, sans observer les formalités prescrites, les biens de la succession, la vente n'est pas nulle, comme faite *a non domino* ; et 4° que, s'il achète des biens de l'hérédité, le droit de translation de propriété n'est pas dû envers le fisc, car ce n'est pas l'adjudication faite à son profit qui le rend propriétaire[2].

Mais ce droit héréditaire de l'héritier bénéficiaire se trouve modifié par la règle d'après laquelle il ne doit rien retenir avant que les créanciers de la succession et les légataires soient complétement désintéressés, puisqu'il leur doit compte de tout ce qu'il a reçu et de tout ce qu'il a payé par suite de sa gestion.

Il y a donc, dans l'héritier bénéficiaire, deux qualités distinctes, l'une *naturelle*, c'est celle d'*héritier* ; l'autre *accidentelle*, celle de *bénéficiaire* ; la première est le droit du rang, la seconde est un pur bénéfice de la loi. L'héritier bénéficiaire est, comme héritier, le représentant du défunt, le continuateur de sa personne ; mais, au moyen du bénéfice d'inventaire, il est en même temps une personne étrangère, ne confondant pas son patrimoine avec celui du défunt, conser-

---

[1] Rolland de Villargues, n° 7.
[2] Rolland de Villargues, n° 12.

vant le droit de faire valoir ses créances contre la succession [1].

Notre travail se divise en *trois parties*. Dans la première, nous examinerons l'acceptation bénéficiaire sous le rapport des personnes à qui elle compète et des conditions et formalités auxquelles elle est soumise ; nous verrons dans la seconde les effets du bénéfice d'inventaire, et nous traiterons dans la troisième de l'administration de la succession bénéficiaire.

PREMIÈRE PARTIE.

De l'acceptation sous bénéfice d'inventaire.

L'acceptation d'une succession sous bénéfice d'inventaire est, en général, facultative ; c'est une faveur, un privilège, dont la loi permet à l'héritier de faire usage ou auquel il peut renoncer. Cependant il y a des cas où la loi se charge elle-même de faire cette option, soit en ne laissant au successible que le choix entre l'acceptation bénéficiaire et la renonciation, soit même en lui imposant d'une manière absolue l'acceptation sous bénéfice d'inventaire.

De là, notre distinction entre l'acceptation sous bénéfice d'inventaire volontaire et celle imposée par la loi.

CHAPITRE PREMIER.

DE L'ACCEPTATION VOLONTAIRE.

Nous diviserons ce chapitre en quatre sections : la première traitera des personnes qui peuvent invoquer

[1] Rolland de Villargues, n° 17.

le bénéfice d'inventaire; la deuxième, des formalités de cette acceptation; la troisième, des délais dans lesquels elle doit être faite; et la quatrième, des causes qui peuvent empêcher l'acceptation sous bénéfice d'inventaire. Nous verrons dans un appendice la renonciation que peut faire l'héritier à son bénéfice.

SECTION PREMIÈRE.

Des personnes qui peuvent accepter sous bénéfice d'inventaire.

Une succession, dit l'art. 774 du Code Napoléon, *peut être acceptée purement et simplement, ou sous bénéfice d'inventaire.* Ces termes sont absolus, et il en résulte que le choix entre l'acceptation pure et simple et l'acceptation bénéficiaire est accordé, en règle générale, à quiconque est appelé à recueillir une succession. Ce n'est pas un privilège accordé à certaines personnes seulement, mais une institution de droit commun dont chacun peut profiter.

Mais le bénéfice d'inventaire n'est accordé qu'à ceux à qui il peut être utile, à ceux qui ont besoin de se garantir contre l'obligation du paiement des charges *ultra vires.* Demander donc à quels successeurs compète le bénéfice d'inventaire, c'est demander, en d'autres termes, quels sont ceux qui sont tenus des dettes et charges *ultra vires.* Il faut distinguer entre les héritiers proprement dits, les légataires universels ou à titre universel et les donataires par contrat de mariage de tout ou partie des biens du *de cujus*, et les successeurs irréguliers.

I. *Des héritiers proprement dits.*

A l'égard des successeurs réguliers ou héritiers proprement dits, descendants, ascendants ou collatéraux,
leur obligation *ultra vires* est incontestable et incon-
testée en ce qui concerne les *dettes;* l'art. 724 du Code
Napoléon les y oblige formellement : ils continuent la
personne du défunt, ils sont ses représentants et,
comme tels, obligés *d'acquitter toutes les charges de la
succession.* Par suite, leur droit d'invoquer le bénéfice
d'inventaire ne saurait être mis en doute.

Mais la question est plus difficile en ce qui concerne
les *legs;* aucun texte formel ne prouve l'intention du
législateur de vouloir obliger l'héritier à leur acquittement intégral. Bien au contraire, l'art. 802 du Code
Napoléon, en indiquant les effets du bénéfice d'inventaire, dit que ce bénéfice donne à *l'héritier l'avantage de
n'être tenu du paiement des dettes de la succession, que
jusqu'à concurrence de la valeur des biens qu'il a recueillis,* et fait supposer par là que le législateur n'a pas entendu étendre l'obligation de l'héritier au paiement de
tous les *legs.* Aussi nous croyons que conformément à
notre ancien droit coutumier[1] et selon les principes ra-
tionnels du droit et de l'équité, l'héritier ne saurait
être tenu du paiement des legs que jusqu'à concurrence
des forces de la succession indépendamment de toute
acceptation bénéficiaire[2].

Le mot *charges* dont se sert l'art. 724 du Code Napoléon ne comprend donc, selon nous, que les obligations qui grevaient la personne et le patrimoine du

[1] Pothier, *Des success.*, ch. III, sect. III, art. 3, § 1.
[2] Marcadé, sur l'art. 1017, n° 2.

défunt, ou les *dettes proprement dites*, et les obligations que fait naître la transmission même de ce patrimoine, que l'art. 873 du Code Napoléon désigne plus spécialement sous le nom de *charges*, par opposition aux dettes proprement dites. Ce qui vient à l'appui de notre manière de voir, c'est que les art. 1009 et 1012 du Code Napoléon emploient précisément ces mots *dettes* et *charges* dans le sens que nous avons indiqué en les opposant aux *legs* (C. Nap., art. 1009, 1012 et 1013).

Quant à l'argument qu'on tire contre cette opinion de l'art. 783 du Code Napoléon, d'après lequel l'héritier *peut attaquer l'acceptation qu'il a faite d'une succession*, pour cause de *lésion*, *dans le cas où la succession se trouverait absorbée ou diminuée de plus de moitié par la découverte d'un testament inconnu au moment de l'acceptation*, cet argument n'est pas concluant. On peut trouver des hypothèses où la découverte d'un testament peut, même indépendamment de l'obligation de payer les legs *ultra vires*, entraîner une lésion au préjudice de l'héritier, et rien n'autorise, dès lors, à dire que le législateur n'a eu en vue d'autre lésion que celle que l'héritier éprouverait en raison de l'obligation d'acquitter intégralement les legs contenus dans le testament nouvellement découvert.

II. *Des légataires universels ou à titre universel.*

En droit romain, et dans les pays de droit écrit en France, la succession pouvait être testamentaire aussi bien que légitime, et l'héritier institué était tenu des dettes de la même manière que l'héritier pur et simple; tous deux pouvaient donc recourir au bénéfice d'inventaire. Dans notre ancien droit national, dans les provinces coutumières, au contraire, où dominait la règle : *Dieu seul fait l'héritier*, les légataires étaient généralement considérés comme de simples successeurs aux biens, tenus des dettes seulement jusqu'à concurrence du montant des biens de la succession.

Pour soutenir que, sous l'empire du Code Napoléon, les successeurs dont nous nous occupons sont tenus des dettes *ultra vires*, à moins qu'ils n'acceptent sous bénéfice d'inventaire, le principal argument qu'on fait valoir, repose sur les dispositions des art. 1009 et 1012 du Code Napoléon, qui disent que *les légataires universels ou à titre universel sont tenus, personnellement pour leur part et portion, des dettes et charges de la succession*. Or, dit-on, quiconque est obligé personnellement, est tenu de remplir son engagement sur tous ses biens, mobiliers et immobiliers, présents et à venir; le légataire universel ou à titre universel est donc tenu indéfiniment sur tous ses biens, tout comme l'héritier lui-même, qui, d'après l'art. 873 du Code Napoléon, est également *tenu des dettes et charges de la succession, personnellement pour ses part et portion*[1].

Mais, de ce que ces légataires sont tenus *personnellement* des dettes et charges de la succession, il ne résulte pas qu'ils en sont tenus même *ultra vires*. D'ailleurs, ces termes : *sont tenus personnellement pour leur part et portion*, s'expliquent naturellement, par opposition à ceux qui les suivent immédiatement *et hypothécairement pour le tout*, et qui s'appliquent au cas où il existe une hypothèque sur la succession.

Une autre opinion prétend trouver la solution de la

---

[1] Demolombe, n°° 117 et 118; Billard, n° 27.

question dans les effets attachés à la saisine héréditaire, en se fondant sur la rédaction de l'art. 724 du Code Napoléon, d'après lequel l'obligation d'*acquitter toutes les charges de la succession* semble être une conséquence de la *saisine*. Elle distingue, en conséquence, entre le légataire universel saisi de la succession en l'absence d'un héritier à réserve, et le légataire universel non saisi, ou le légataire à titre universel qui ne l'est jamais, et considère le premier comme tenu *indéfiniment*, tandis que les autres ne sont obligés qu'*intra vires*[1].

N'est-ce pas là, malgré la rédaction de l'art. 724 du Code Napoléon, attacher à la saisine des effets plus étendus que ceux qu'elle produit réellement? La saisine n'est rien que la possession légale, et les mots *légataire saisi de plein droit* signifient simplement *légataire mis en possession de plein droit*. La saisine du légataire universel qui ne rencontre pas d'héritier à réserve, consiste en ce que le légataire obtient dès le décès du testateur, et par la seule force de la loi, la possession que sans cela il lui faudrait demander à l'héritier du sang ou à la justice. La possession accordée par l'héritier à réserve ou par le juge ne transforme pas le légataire en héritier, la possession que la loi lui donne doit le laisser également simple légataire. L'idée de la saisine se lie si peu à celle de l'obligation aux dettes, que la saisine peut appartenir à des possesseurs qui ne sont pas même successeurs; c'est ainsi que l'art. 1026 permet de la conférer aux simples *exécuteurs testamentaires*[2].

[1] Aubry et Rau, p. 26, 350.
[2] Marcadé, sur l'art. 1002, n° 2; Mourlon, *op. cit.*, t. II, p. 337.

Le vrai, le seul fondement de l'obligation aux dettes, c'est l'idée de la continuation de la personne du défunt, qui est complétement indépendante de la saisine et qui repose, purement et simplement, sur la qualité d'héritier. Cela est si vrai que le législateur a cru devoir abolir formellement, au moins quant à ses effets, l'institution d'héritier du droit romain et transformer cette institution en un simple legs, en disant dans l'art. 1002 du Code Napoléon : *Les dispositions testamentaires sont ou universelles ou à titre universel, ou à titre particulier. Chacune de ces dispositions, soit qu'elle ait été faite sous la dénomination d'institution d'héritier, soit qu'elle ait été faite sous la dénomination de legs, produira son effet suivant les règles établies ci-après.* Loin donc d'assimiler le légataire universel à l'héritier institué, c'est au contraire ce dernier qui a été assimilé au légataire universel, et la preuve en est que l'art. 1002 du Code Napoléon a été édicté sur la demande du tribunat, tout exprès pour annoncer bien précisément qu'il n'y aura désormais aucune différence entre la dénomination d'héritier institué et celle de légataire, pour proclamer cette idée principale, que tous les effets attachés par les lois romaines au titre d'héritier sont entièrement détruits[1].

Nous croyons donc que tous les légataires ou donataires, universels ou à titre universel, sans distinction, ne sont jamais considérés que comme des successeurs aux biens, que le bénéfice d'inventaire est inhérent à leur titre même, que le seul fondement de leur obligation aux dettes de la succession, c'est le principe *bona non intelliguntur nisi deducto ære alieno*, et qu'ils ne

[1] Voy. Demolombe, n° 117.

pourraient être tenus *ultra vires*, que par suite d'une présomption de fraude, s'ils avaient confondu les biens de la succession avec leurs biens personnels. Cette opinion paraît d'autant plus exacte et conforme à l'intention des législateurs, que l'obligation *ultra vires* est infiniment dure et que si elle peut se justifier, en quelque sorte, à l'égard des héritiers légitimes, par cette solidarité du sang qui unit les membres d'une même famille, et qui fait du parent survivant l'héritier et le représentant du parent décédé, elle n'aurait aucune base à l'égard des légataires et des donataires, qui ne font que succéder aux biens du défunt.

III. *Des successeurs irréguliers.*

A l'égard des successeurs irréguliers, c'est-à-dire des enfants naturels, des autres parents naturels, du conjoint survivant et de l'État, nous pensons de même qu'ils ne sont tenus des dettes de la succession que dans la proportion de leur émolument, non pas parce qu'ils n'ont pas la saisine, mais parce qu'ils ne sont pas les représentants de la personne du défunt et que la loi leur refuse formellement le titre d'héritier[1].

Il en est de même des personnes qui, en vertu des art. 747, 351, 352 et 766 du Code Napoléon, sont appelées à la succession qualifiée d'anomale[2].

Il n'y a donc que les véritables héritiers, ceux que la loi appelle héritiers légitimes, qui soient tenus des dettes au delà de leur émolument dans la succession, et qui aient besoin, pour se garantir de cette obligation, d'invoquer le bénéfice d'inventaire.

[1] Aubry et Rau, p. 62; Marcadé, sur l'art. 724, n° 4, art. 793, n° 2.
[2] Aubry et Rau, p. 397; Billard, n° 137.

C'est une question des plus célèbres, et qui n'a pas cessé d'être toujours fort débattue, que celle de savoir si le *de cujus* peut interdire à son héritier le bénéfice d'inventaire, en lui enjoignant de ne pas faire d'inventaire, et d'accepter purement et simplement.

L'opinion la plus généralement admise autrefois considérait le bénéfice d'inventaire comme une sorte d'institution de droit public, dont la volonté du *de cujus* ne pouvait pas priver l'héritier, et cette opinion était admise, non-seulement dans les pays de droit écrit, mais encore dans les pays de coutumes, où cependant on reconnaissait le droit d'exclusion de l'héritier bénéficiaire par l'héritier pur et simple, et où, par conséquent, le bénéfice d'inventaire était vu avec bien moins de faveur que sous l'empire de notre Code. Nous croyons que c'est là l'opinion qu'il faut considérer comme la plus équitable encore aujourd'hui, et cela sans distinguer entre les héritiers réservataires et ceux qui ne le sont pas, entre les majeurs et les mineurs; la prohibition faite par le *de cujus* à son héritier, d'accepter sous bénéfice d'inventaire, serait nulle dans tous les cas et réputée comme non écrite aux termes de l'art. 900 du Code Napoléon, et la désignation d'un légataire, dans le but de sanctionner cette défense, serait considérée comme nulle en qualité de clause pénale, accessoire d'une obligation principale nulle (C. Nap., art. 1227)[1].

En effet, l'héritier ne peut pas être placé, par la volonté du *de cujus* dans l'alternative d'une acceptation pure et simple ou d'une renonciation, alors qu'il tient de la loi elle-même sa vocation, et que cette loi lui

---

[1] Aubry et Rau, p. 156; Demolombe, n° 126.

accorde en même temps la faculté d'accepter purement et simplement ou sous bénéfice d'inventaire. En vain objecte-t-on que le *de cujus* aurait eu le droit, si l'héritier n'est pas réservataire, de lui enlever toute la succession, ou de la lui enlever pour partie, s'il est réservataire; il aurait donc pu, à plus forte raison, lui imposer une condition qui sera certainement le plus souvent moins onéreuse qu'une exhérédation totale[1]. Cela est vrai; le testateur aurait pu enlever la succession à l'héritier; mais dès qu'il la lui a laissée et que l'héritier la recueille *ex lege*, il doit la recueillir avec le libre choix que la loi lui accorde.

La plupart des auteurs qui considèrent les légataires universels et à titre universel comme tenus indéfiniment, tout comme l'héritier, accordent à ces successeurs, comme conséquence de leur obligation, le droit d'invoquer le bénéfice d'inventaire[2]. Cependant on a objecté à cette manière de voir que le Code ne leur accorde nulle part ce droit, et on le leur a refusé pour ce motif. Mais la réponse à cette objection est facile; le bénéfice d'inventaire est, dans tous les cas, le curatif indispensable, la conséquence naturelle de l'obligation *ultra vires*, et si on l'accorde à l'héritier légitime, à celui que la loi elle-même appelle à la succession, *à fortiori* doit-il être admis pour les légataires auxquels la libéralité que leur a faite le défunt ne doit pas devenir onéreuse. C'est ce que reconnaît la jurisprudence de la Cour de cassation contraire à l'opinion

[1] Bilhard, n° 30; Dalloz, n° 709, Rolland de Villargues, n° 32.
[2] Demolombe, n° 118; Bilhard, n° 27; Troplong, *Des donat. et des rest.*, t. IV, n°s 1836 et 1840.

que nous avons adoptée relativement à l'obligation des successeurs autres que les héritiers légitimes [1].

Le bénéfice d'inventaire est d'ailleurs accordé séparément et individuellement à chacun des héritiers, s'il y en a plusieurs, et de même que l'un peut accepter purement et simplement, tandis que l'autre renonce, l'un peut accepter sous bénéfice d'inventaire, tandis que l'autre accepte purement et simplement.

Il est accordé contre tous les créanciers héréditaires sans distinction. D'après l'ordonnance de 1563, art. 16, les héritiers des comptables ne pouvaient pas invoquer le bénéfice d'inventaire contre le roi par la raison, disait-on, que le roi qui concédait ce bénéfice ne devait pas être censé le concéder contre lui-même; le Code Napoléon n'a consacré aucune distinction semblable, le législateur ayant pourvu d'une autre manière à la garantie des intérêts de l'État, au moyen des cautionnements qu'il exige, et des privilèges qu'il a établis (C. Nap., art. 2098) [2].

SECTION II.

Des formalités de l'acceptation d'une succession sous bénéfice d'inventaire.

L'acceptation sous bénéfice d'inventaire est soumise aux règles générales de l'acceptation des successions; elle ne peut avoir lieu à terme, ni sous condition, et sa rescision ne peut être obtenue que dans les mêmes cas que pour l'acceptation pure et simple (C. Nap., art. 783).

[1] Demolombe, n° 118.
[2] Demolombe, n° 124; Dalloz, n° 706.

La femme mariée ne peut accepter, même sous bénéfice d'inventaire, qu'avec l'autorisation de son mari, ou
avec celle de la justice (C. Nap., art. 776).

Mais à la différence de l'acceptation pure et simple,
qui peut être expresse ou tacite, l'acceptation bénéficiaire doit toujours être expresse ; c'est qu'elle est,
comme la renonciation, quoiqu'à un degré beaucoup
moindre, sans doute, contraire à la présomption légale
qui est toujours en faveur de l'acceptation pure et simple.

Dans le but de provoquer la vigilance des créanciers
de la succession et des légataires, et de leur faire connaître ce mode d'acceptation qui peut exercer sur les
droits des tiers une influence considérable, dans le but,
en outre, de garantir les droits des intéressés, en faisant
constater d'une manière exacte ce qui compose la succession, la loi subordonne l'acceptation bénéficiaire à
deux formalités indispensables : 1° une déclaration faite
par l'héritier qu'il n'entend prendre cette qualité que
sous bénéfice d'inventaire ; 2° un inventaire des biens
de la succession.

§ 1er. *De la déclaration d'acceptation sous bénéfice d'inventaire.*

*La déclaration d'un héritier, qu'il entend ne prendre
celle qualité que sous bénéfice d'inventaire, doit être
faite au greffe du tribunal de première instance dans
l'arrondissement duquel la succession s'est ouverte ; elle
doit être inscrite sur le registre destiné à recevoir les
actes de renonciation* (C. Nap., art. 793).

Elle peut se faire directement ou par un mandataire,
muni d'une procuration authentique, ou sous seing
privé[1], et doit être faite au greffe du tribunal du lieu de

---

[1] Aubry et Rau, p. 168 ; Demolombe, n° 14.

l'ouverture de la succession, c'est-à-dire à un endroit uniforme pour tous les héritiers, quel que soit leur domicile, et qu'il est facile aux intéressés de connaître. Une déclaration faite en tout autre endroit n'atteindrait pas le but de publicité que s'est proposé la loi et serait nécessairement insuffisante pour produire la qualité d'héritier bénéficiaire.

Enfin, cette déclaration doit être faite sur le registre destiné à recevoir les actes de renonciation, non pas que l'acceptation bénéficiaire doive être considérée comme une espèce de renonciation, mais un registre unique paraissait suffisant au législateur pour toutes les déclarations de ce genre, et devait même atteindre plus sûrement le but de la loi.

Quel serait l'effet de cette déclaration, si l'héritier, après l'avoir faite, ne remplissait pas la seconde condition, la confection d'un inventaire? Elle le priverait de la faculté de renoncer et le ferait considérer comme héritier pur et simple.

En effet, par sa déclaration l'héritier a manifesté l'intention d'accepter, et cette acceptation est irrévocable; il est vrai qu'il a déclaré n'accepter que sous bénéfice d'inventaire; mais à la condition de remplir les formalités de cette acceptation; or, par un motif ou un autre, il ne peut plus accomplir ces formalités, la qualité d'héritier lui est dès lors acquise par son acceptation, et il ne peut plus prétendre à celle de bénéficiaire, de même que l'héritier qui, après avoir rempli les conditions du bénéfice d'inventaire, renoncerait à ce bénéfice ou en serait déclaré déchu[1].

[1] Demolombe, n° 131.

§ 2. *De l'inventaire.*

La seconde condition relative à l'inventaire est exigée en ces termes par l'art. 794 du Code Napoléon. *Cette déclaration n'a d'effet qu'autant qu'elle est précédée ou suivie d'un inventaire fidèle et exact des biens de la succession, dans les formes réglées par les lois sur la procédure, et dans les délais déterminés.*

L'inventaire est un acte conservatoire, qui se fait pour constater l'état d'une succession ou d'une communauté, à l'effet de maintenir les droits des parties intéressées.

L'inventaire est exigé presque exclusivement dans l'intérêt des tiers, c'est-à-dire des créanciers de la succession et des légataires; nous ne comprenons pas, dès lors, comment on a pu se demander si le défunt ne pourrait pas exprimer la volonté que son héritier jouisse des avantages du bénéfice d'inventaire, en le dispensant de l'obligation de faire un inventaire. L'accomplissement de cette formalité est une condition essentielle et *sine quâ non* du bénéfice d'inventaire, et il ne peut pas dépendre de la volonté du *de cujus* de priver les tiers de cette garantie[1].

L'inventaire peut précéder ou suivre la déclaration au greffe, il la précédera ordinairement, car ce n'est que par l'inventaire que l'héritier est à même de connaître exactement les forces et charges de la succession, et de savoir si son acceptation pure et simple pourrait lui porter préjudice.

Il doit être fait par acte notarié; c'est aux notaires exclusivement qu'il appartient de procéder aux inven-

[1] Aubry et Rau, p. 158; Demolombe, n° 127; Billard, n° 36.

taires après décès (C. de proc., arg. art. 943) avec toutes les formalités prescrites pour les actes devant notaires.

Les personnes qui peuvent requérir l'inventaire sont : 1° toutes celles *qui prétendent un droit dans la succession ;* 2° *les créanciers fondés en titre exécutoire ou autorisés par une permission, soit du président du tribunal de première instance, soit du juge de paix du canton où les scellés ont été apposés* (C. de proc., art. 941, 930 et 909).

Quels que soient ceux qui ont requis l'inventaire, il doit être fait en présence des personnes énumérées en l'art. 942 du Code de procédure : 1° *du conjoint survivant* du défunt; 2° *des héritiers présomptifs;* 3° *de l'exécuteur testamentaire si le testament est connu;* 4° *des donataires et légataires universels ou à titre universel;* enfin 5° des tuteurs et subrogés-tuteurs des mineurs intéressés, et 6° des créanciers et légataires ou donataires à titre particulier, qui ont fait opposition à la levée des scellés et à la confection de l'inventaire. Toutes ces personnes doivent être *dûment appelées* à l'inventaire, qui sera régulièrement fait, dans ce cas, alors même qu'elles ne se présenteraient pas. Si l'une des personnes dénommées plus haut demeurait au delà de la distance de cinq myriamètres, il ne serait même plus nécessaire de l'appeler et il y serait suppléé par la nomination d'un *notaire* pour la représenter, commis *par le président du tribunal de première instance* du lieu de l'ouverture de la succession, sur requête, sans qu'il y ait lieu de faire commettre plusieurs notaires s'il y avait plus d'un absent ou défaillant, et quel que fût le nombre de ces derniers (C. de proc., art. 942).

L'inventaire doit contenir, suivant l'art. 943 du

Code de procédure : 1° *la description et estimation des effets, laquelle sera faite à juste valeur et sans crue ;* cette estimation se fait par les commissaires-priseurs dans les chefs-lieux de leur résidence, et dans tous les autres endroits elle peut être faite par les notaires ou par des experts nommés par les parties ; 2° *la désignation des qualité, poids et titre de l'argenterie ;* 3° *la désignation des espèces en numéraire ;* 4° *la déclaration des titres actifs et passifs,* c'est-à-dire des créances de la succession, tant contre les héritiers que contre des tiers, et des dettes de la succession. Il doit contenir en outre la description et analyse succincte des *titres et papiers, qui seront cotés par première et dernière, et paraphés de la main du notaire.*

C'est sur ce point que doit se porter principalement l'attention des héritiers et en général des comparants, car ce sont les déclarations et descriptions qui constituent véritablement l'essence de l'inventaire, et l'art. 704 du Code Napoléon exige, en effet, que l'inventaire soit *fidèle et exact.*

Fidèle, c'est-à-dire qu'il ne soit commis sciemment aucune omission, recel ou divertissement dans la désignation ou la déclaration de ce qui compose la succession ; exact, c'est-à-dire qu'indépendamment de toute omission frauduleuse, l'inventaire comprenne en fait tous les effets de la succession. Nous verrons plus loin, dans la dernière partie, en parlant des garanties accordées par la loi aux créanciers et légataires contre l'héritier bénéficiaire, ce qui concerne cette prescription de fidélité imposée à l'héritier. Quant à la simple inexactitude, ou l'omission par erreur d'un ou plusieurs objets de la succession, elle ne saurait produire, comme l'infidélité, la déchéance du bénéfice d'inventaire; elle n'aurait pas même pour effet d'entraîner la nullité de l'inventaire; mais seulement de nécessiter sa rectification ou son amplification[1].

Du reste, la condition de fidélité et d'exactitude exigée de l'héritier, trouve déjà une espèce de sanction et de garantie dans l'obligation du serment imposé à certaines personnes par l'art. 943 du Code de procédure, qu'elles n'ont *détourné, vu détourner, ni su qu'il ait été détourné,* aucun des objets qui doivent être compris dans l'inventaire.

Nous n'avons pas parlé jusqu'ici des immeubles de la succession, et de leur désignation dans l'inventaire; le Code de procédure civile n'en fait pas mention, et il est généralement reconnu que cette désignation n'est pas indispensable. Il importe peu, en effet, aux créanciers et légataires que les immeubles soient compris ou non dans l'inventaire, puisqu'il est toujours facile d'en constater l'existence et que, par leur nature même, ils sont peu susceptibles d'être l'objet d'un détournement.

C'est à l'héritier qui accepte bénéficiairement que la loi impose spécialement l'obligation de faire inventaire, et régulièrement c'est à sa diligence qu'il doit être fait; c'est à lui principalement que préjudicie le défaut d'inventaire, puisque ce n'est que l'accomplissement de cette formalité qui lui assure la qualité d'héritier bénéficiaire qu'il a déclaré prendre.

Toutefois, ce que veut avant tout la loi, c'est qu'il y ait un inventaire, voilà finalement son but; il s'ensuit qu'un inventaire régulièrement fait par l'un des

[1] Demolombe, n° 139.

cohéritiers profite à tous les autres, et que, s'il existe un inventaire régulier et récent, fait à la requête d'un héritier qui aurait renoncé, ou d'un curateur à la succession vacante, ou même d'un simple héritier apparent, l'héritier qui voudrait accepter sous bénéfice d'inventaire, pourrait se contenter de faire dresser un procès-verbal de recolement[1].

Si le défunt n'a laissé aucun des objets qui doivent être compris dans l'inventaire, il suffit de faire dresser un procès-verbal de carence, qui est indispensable pour satisfaire autant que possible à la condition de l'inventaire imposée par loi (C. proc., art. 924).

Le Code de procédure civile, en déterminant les formes de l'inventaire, n'a attaché la peine de nullité à l'exécution d'aucune de ces formalités ; c'est aux tribunaux à examiner, suivant les circonstances, quelles sont celles dont l'inexécution doit produire ce résultat. Mais, en admettant même que l'irrégularité fût telle que l'inventaire dût être déclaré nul, l'héritier ne serait pas pour cela déchu du bénéfice d'inventaire, si d'ailleurs il ne s'était rendu coupable d'aucune fraude. Tout ce qui pourrait résulter de la nullité de l'inventaire, ce serait l'obligation de l'héritier de le recommencer, en demeurant personnellement responsable des frais du premier[2].

La loi n'impose pas à l'héritier l'obligation de faire apposer les scellés, l'art. 794 du Code Napoléon n'en dit rien, et l'art. 810 du Code Napoléon suppose même implicitement que les scellés n'ont pas été apposés, en disant : *les frais de scellés, s'il en a été apposé, d'inven-*

---

[1] Aubry et Rau, p. 158; Demolombe, n° 138 ;Dalloz, n° 713 et suiv.
[2] Demolombe, n° 143.

taire et de compte, sont à la charge de la succession.
Mais le successible fera toujours acte de prudence, en
faisant placer sous scellés les effets de la succession,
afin de se mettre à l'abri de tout soupçon de détournement de ces effets [1]. L'héritier n'est, du reste, pas le
seul qui ait le droit de requérir l'apposition des scellés;
l'art. 909 du Code de procédure accorde ce droit à tout
créancier fondé en titre exécutoire, ou autorisé par une
permission, soit du président du tribunal de première
instance, soit du juge de paix du canton où les scellés
doivent être apposés, et dans certains cas à toute personne ayant demeuré avec le défunt, au ministère public et même d'office au juge de paix.

Ajoutons, pour terminer, que si le scellé a été apposé,
il ne pourra, aux termes de l'art. 928 du Code de procédure, *être levé et l'inventaire fait, que trois jours
après l'inhumation, s'il a été apposé auparavant, et trois
jours après l'apposition, si elle a été faite depuis, à motifs
de cause urgente et à peine de nullité.* Mais cette disposition ne semble devoir s'appliquer qu'au cas où les
scellés ont été apposés, sinon l'inventaire peut être valablement fait sans l'observation du délai de trois jours.

SECTION III.

Des délais de l'acceptation bénéficiaire.

Nous avons à voir quels sont les délais accordés à
l'héritier pour faire inventaire et délibérer, et quelle
est sa condition pendant la durée et après l'expiration
de ces délais.

[1] Aubry et Rau, p. 188; Demolombe, n° 136.

§ 1er. *Des délais pour faire inventaire et délibérer.*

L'héritier ayant le choix entre trois partis à prendre, et chacun de ces partis pouvant être, suivant les circonstances, le plus profitable pour lui, la loi devait lui donner le temps nécessaire pour prendre connaissance de la succession qui lui est échue, et, d'après les forces et charges qu'il découvre, examiner ce que son intérêt lui conseille de faire. L'art. 795 du Code Napoléon lui accorde, *pour faire inventaire, trois mois à compter du jour de l'ouverture de la succession, et pour délibérer sur son acceptation ou sur sa renonciation, un délai de quarante jours qui commencent à courir du jour de l'expiration des trois mois donnés pour l'inventaire, ou du jour de la clôture de l'inventaire, s'il a été terminé avant les trois mois.*

Et même *après l'expiration des délais ci-dessus*, qui peuvent être insuffisants, *l'héritier, en cas de poursuite dirigée contre lui, peut demander un nouveau délai que le tribunal saisi de la contestation accorde ou refuse suivant les circonstances* (C. Nap., art. 798). Ce nouveau délai est subordonné, quant à sa durée, aux circonstances que les juges seuls ont le droit d'apprécier, la loi leur laissant à cet égard un pouvoir discrétionnaire.

La seule différence qu'il y ait, quant à leur effet, entre ces deux délais, celui accordé par la loi et celui accordé par la justice en cas d'insuffisance du premier, est relative aux frais. D'après l'art. 770 du Code Napoléon, *les frais de poursuite, dans le cas de l'art. 798 du Code Napoléon sont à la charge de la succession, si l'héritier justifie, ou qu'il n'avait pas eu connaissance du* décès, ou que les délais ont été insuffisants, soit à raison de la situation des biens, soit à raison des contestations survenues; s'il n'en justifie pas, les frais restent à sa charge personnelle. *Les frais faits* pendant la durée des délais accordés par l'art. 705 du Code Napoléon, sont au contraire toujours *à la charge de la succession* (C. Nap., art. 707).

§ 2. De la condition de l'héritier pendant la durée de ces délais.

Pendant la durée des délais pour faire inventaire et pour délibérer, l'héritier ne peut être contraint à prendre qualité, et il ne peut être obtenu contre lui de condamnation (C. Nap., art. 707).

S'il est poursuivi en qualité d'héritier, il peut opposer aux demandes dirigées contre lui une exception dilatoire dont l'effet est de suspendre ces demandes, et de les tenir en état jusqu'à l'expiration des délais.

Durant ces délais, des actes d'administration peuvent être nécessaires, le successible peut les faire en qualité d'habile à succéder, et sans qu'on puisse en conclure l'intention d'accepter; *il peut même, s'il y a urgence, s'il existe dans la succession des objets susceptibles de dépérir ou dispendieux à conserver, se faire autoriser par justice à procéder à la vente de ces effets* (C. Nap., art. 706).

§ 3. De la condition de l'héritier après l'expiration de ces délais.

L'expiration des délais pour faire inventaire et délibérer, même de ceux accordés par le juge, ne constitue pas encore le successible héritier pur et simple; il peut toujours encore renoncer ou accepter sous bénéfice d'inventaire, aussi longtemps qu'il n'est pas privé de cette faculté par une des causes que nous examinerons plus loin. Mais s'il est actionné, après avoir laissé passer ces délais sans prendre qualité, par un créancier de la succession ou par un légataire, il ne peut plus se retrancher derrière l'exception dilatoire de l'art. 797 du Code Napoléon; il faut qu'il dise quelle qualité il entend prendre, sinon un jugement peut intervenir et le condamner comme héritier pur et simple.

Les délais, dont il est question ici, sont donc uniquement relatifs aux droits de poursuite des créanciers ou autres intéressés, et ne concernent en aucune manière le droit d'option lui même de l'héritier. C'est ce que dit l'art. 800 du Code Napoléon dans sa première partie : *L'héritier conserve néanmoins après l'expiration des délais accordés par l'art. 795, même de ceux accordés par le juge, conformément à l'art. 798, le droit de faire encore inventaire et de se porter héritier bénéficiaire.*

SECTION IV.

Des causes qui peuvent priver le successible de la faculté d'accepter sous bénéfice d'inventaire.

La loi, en ne fixant pas de délai après l'expiration duquel le successible ne pourra plus recourir au bénéfice d'inventaire, n'a pas pu cependant lui conserver cette faculté indéfiniment, et l'a soumise, par conséquent, à la prescription ordinaire, celle de trente ans; cette faculté se perd, même avant son extinction par prescription, si le successible s'est placé dans un des cas dont parle l'art. 800 du Code Napoléon. Les causes qui peuvent priver le successible de la faculté d'invoquer le bénéfice d'inventaire sont donc : 1° la prescription de cette faculté; 2° les actes d'héritier pur et simple; 3° le jugement portant condamnation de l'héritier en qualité d'héritier pur et simple. A ces trois causes nous pouvons ajouter la vente des biens meubles et immeubles de la succession sans l'observation des formalités prescrites, et le recel ou divertissement d'effets de la succession, et que nous examinerons plus loin en parlant des garanties accordées aux créanciers et légataires contre l'héritier bénéficiaire. Du reste ces deux faits, de la part du successible qui n'a pas encore pris qualité, ne peuvent être considérés, à l'égard des créanciers, que comme des actes d'héritier pur et simple, et rentrent, par conséquent, dans ce que nous dirons à propos de ces actes.

§ 1er. De l'application de la prescription trentenaire.

L'art. 800 du Code Napoléon, tel qu'il avait été proposé par la section de législation, portait une dernière disposition ainsi conçue : *Mais cette faculté ne s'étend pas au delà d'une année à compter de l'expiration des délais; l'héritier ne peut ensuite qu'accepter purement et simplement ou renoncer*[1]. Mais les rédacteurs du Code, trouvant que dans beaucoup de cas il serait trop dur d'exclure l'héritier du bénéfice d'inventaire après le terme d'une année, ont supprimé cette disposition. Est-ce à dire que cette faculté dure indéfiniment et qu'elle n'est soumise à aucune prescription? Non, en supprimant le paragraphe primitif, les rédacteurs du Code ont entendu simplement régir cette prescription par les principes du droit commun en matière de suc-

[1] Locré, t. X, p. 115, 116.

cession, et s'en référer aux dispositions des art. 789 et 2262 du Code Napoléon[1].

Ces articles disposent, que *la faculté d'accepter ou de répudier une succession se prescrit par le laps de trente ans;* après trente ans écoulés depuis le jour de l'ouverture de la succession, elle ne peut plus être acceptée sous bénéfice d'inventaire; l'héritier est déchu du droit d'option, et est réputé, suivant les circonstances, acceptant purement et simplement, ou renonçant. Il est considéré comme renonçant, lorsque la succession a été appréhendée par un autre héritier; il est réputé acceptant, lorsqu'aucun autre ne s'est présenté. Dans le premier cas, c'est-à-dire lorsque c'est la faculté d'accepter qui est prescrite, la prescription du droit d'accepter sous bénéfice d'inventaire en est une conséquence nécessaire. Il y a plus de doute lorsque c'est la faculté de renoncer qui est prescrite, et dans ce cas, quelques auteurs pensent que la prescription de la faculté de renoncer laisse intacte celle d'accepter, et par conséquent le droit de choisir entre l'acceptation pure et simple et l'acceptation bénéficiaire. Mais cette opinion repose sur la confusion entre une acceptation volontaire et l'acceptation forcée qui résulte de la prescription de la faculté de renoncer. Lorsque le droit de renoncer est prescrit, le successible se trouve, indépendamment de toute acceptation de sa part, dans la position d'un héritier pur et simple. La faculté d'accepter, qui suppose nécessairement celle corrélative de ne pas accepter, n'existe plus pour celui que la loi déclare forcément acceptant, et comme l'acceptation sous bénéfice

[1] Aubry et Rau, p. 159; Demolombe, *Traité des success.*, t. II, n° 317.

d'inventaire ne peut avoir lieu tacitement, on se trouve, par cela même, conduit à assimiler à une acceptation pure et simple celle qui résulte de la déchéance de la faculté de renoncer[1].

§ 2. Des actes d'héritier pur et simple.

Par le seul fait de l'ouverture de la succession, le successible se trouve saisi de plein droit des biens, droits et actions qui appartenaient au défunt, mais sa qualité d'héritier n'est pas irrévocable, il peut l'accepter définitivement ou y renoncer, il peut en modifier les effets au moyen de l'acceptation bénéficiaire. S'il a renoncé, il peut toujours revenir sur sa renonciation, aussi longtemps que les choses sont entières, et que *la succession n'a pas été acceptée par d'autres* (C. Nap., art. 790). Son acceptation, au contraire, le lie irrévocablement, et *il ne peut l'attaquer que dans le cas où elle aurait été la suite d'un dol pratiqué envers lui*, et pour cause de *lésion*, si *la succession se trouvait absorbée ou diminuée de plus de moitié, par la découverte d'un testament inconnu au moment de l'acceptation* (C. Nap., art. 783). Dans le cas où, pour une de ces deux causes, l'acceptation faite par un héritier serait annullée, les choses redeviendraient entières et le successible recouvrerait le droit d'option entre les trois partis que la loi lui accorde, mais, hormis ces deux cas, son acceptation est irrévocable, non-seulement comme acceptation, mais encore comme acceptation pure et simple, et il n'a plus ni le droit de renoncer ni celui d'accepter sous bénéfice d'inventaire. En effet, un argument *a contrario*, tiré de l'art. 800 du Code Napoléon,

[1] Aubry et Rau, p. 189; Marcadé, sur l'art. 793, p. 174.

nous prouve que l'héritier n'a plus le droit de se porter *héritier bénéficiaire*, s'il a *fait acte d'héritier pur et simple.*

L'acceptation d'une succession purement et simplement peut être *expresse* ou *tacite.*

Elle est expresse, quand le successible *prend la qualité* d'héritier pur et simple, ou seulement celle *d'héritier, dans un acte authentique ou privé*, s'il n'a pas fait d'ailleurs de réserve en prenant ce titre (C. Nap., art. 778). Mais la prise de la qualité d'héritier bénéficiaire, sans remplir les formalités prescrites pour ce mode d'acceptation, n'aurait pas pour effet de rendre le successible héritier; dans ce cas il n'y aurait ni acceptation pure et simple ni acceptation bénéficiaire. Il n'y aurait pas d'acceptation pure et simple dans les termes de l'art. 778 du Code Napoléon, car cette acceptation ne tire son existence que de la volonté présumée de l'héritier de se déclarer tel; or, au contraire, l'héritier a déclaré ne vouloir être qu'héritier sous bénéfice d'inventaire. Il n'y a pas d'acceptation bénéficiaire non plus, car cette acceptation doit être faite dans une forme spéciale et substantielle [1].

Le projet de l'art. 778 du Code Napoléon portait, au lieu des mots acte *authentique ou privé*, l'expression plus générale d'*écrit*, mais qui a été écartée comme pouvant faire imposer au successible une qualité qu'il n'aurait pas eu l'intention de prendre, par exemple, en la faisant résulter d'une lettre missive où le nom d'héritier aurait été pris par le successible sans intention, sans réflexion [2]. Il faudrait déjà, pour faire résulter cette

[1] Demolombe, n° 131.
[2] Bilhard, n° 119.

qualité du titre d'héritier pris dans une lettre missive, que cette lettre présentât un certain caractère juridique, par exemple, si elle était écrite à un créancier ou à un cohéritier en cette qualité, et qu'elle ait pour objet de traiter une affaire de la succession [r].

L'acceptation a lieu *tacitement, quand l'héritier fait un acte qui suppose nécessairement son intention d'accepter, et qu'il n'aurait droit de faire qu'en sa qualité d'héritier* (C. Nap., art. 778), ou pour mieux dire, quand le successible passe un acte juridique qu'il n'a pu légalement faire qu'en qualité de propriétaire de l'hérédité, c'est-à-dire d'héritier dans le sens propre de ce mot, et qui, par conséquent, implique l'intention de se porter héritier. *Quoties quid accepit quod citra jus et nomen heredis accipere non poterat*[1]. Ainsi, tout acte juridique que le successible a été en droit de faire en une autre qualité que celle d'héritier, n'emporte pas de sa part acceptation tacite. Quant à la question de savoir si le successible n'a pu faire tel ou tel acte juridique que comme héritier, ou s'il a pu le faire en une autre qualité, il faut, pour la résoudre, envisager cet acte non-seulement en lui-même et sous le rapport de sa nature constitutive, mais encore relativement au successible, eu égard à la position personnelle de ce dernier.

Il ne rentre pas dans notre sujet de faire ici l'examen détaillé des actes qui peuvent entraîner l'acceptation tacite de la succession, et de ceux que le successible a le droit de faire en sa simple qualité de successible; il nous suffira de renvoyer aux art. 779 et 780 du Code Napoléon, qui opposent aux actes purement *conservatoires*,

[1] Aubry et Rau, p. 143; Marcadé, sur l'art. 778, p. 144.
[2] Fr. 20, § 1, D., *De acq. v. omitt. hered.*, XXIX, 2.

de *surveillance* et d'*administration*, ceux de *véritable disposition*, qui ne laissent aucun doute sur l'intention d'accepter[1].

Les actes concernant la conservation, la surveillance ou l'administration provisoire des biens héréditaires, n'emportent point acceptation tacite de l'hérédité, parce que la nature même de ces actes permet de supposer que le successible n'y a procédé que *gerendi animo*, comme habile à se dire héritier. Au nombre de ces actes on doit ranger, entre autres, les réquisitions tendant soit à l'apposition et à la levée des scellés, soit à la confection de l'inventaire, l'interruption des prescriptions, l'inscription et le renouvellement des hypothèques, la passation des baux urgents, la vente des meubles dans les formes voulues par la loi (C. Nap., art. 796), l'acquittement des droits de mutation par décès, ou même des dettes héréditaires au moyen des deniers du successible, la mise en possession d'objets héréditaires, à titre de dépositaire ou de gardien[1].

Les actes d'administration définitive, au contraire, de jouissance et de disposition constituent de leur nature des actes d'héritiers, à moins que la position personnelle du successible ne leur enlève ce caractère et ne puisse faire supposer qu'ils ont été faits dans une autre qualité. Parmi ces actes de disposition, la loi range notamment la cession à titre gratuit ou onéreux, que l'un des successibles fait de ses droits successifs, soit à des étrangers, soit à l'un de ses cosuccessibles ou même à tous ses cosuccessibles indistinctement; la renonciation, même gratuite, faite par l'un des succes-

[1] Aubry et Rau, p. 144.
[1] Aubry et Rau, p. 146.

sibles au profit de l'un ou de quelques-uns de ses co-successibles, enfin, toute renonciation à titre onéreux, lors même qu'elle aurait lieu au profit de tous les co-successibles de celui qui l'a faite (C. Nap., art. 780). Peu importe d'ailleurs, pour faire résulter l'acceptation tacite de ces actes de disposition, la valeur minime des objets; l'acceptation de l'hérédité en résulterait même, malgré les réserves qu'aurait faites le successible, lors de l'accomplissement de ces actes, car leur nature même démentirait ces réserves et protestations [1].

§ 3. Du jugement qui condamne le successible en qualité d'héritier pur et simple.

À côté des actes d'héritier pur et simple qui empêchent le successible de se porter encore héritier bénéficiaire, l'art. 800 du Code Napoléon place, comme produisant le même effet, un *jugement passé en force de chose jugée, qui condamne l'héritier en qualité d'héritier pur et simple.*

Toutefois, ce jugement ne peut entraîner cette espèce de déchéance de l'héritier qu'à l'égard du créancier qui a obtenu le jugement, conformément à la règle *res inter alios acta, tertio nec prodesse nec nocere potest,* et à l'art. 1351 du Code Napoléon qui veut, pour qu'il y ait autorité de la chose jugée, *que la chose demandée soit la même, que la demande soit fondée sur la même cause, qu'elle soit entre les mêmes parties et formée par elles et contre elles en la même qualité.*

Cette opinion est loin d'être admise par la généralité des auteurs et par la jurisprudence; elle a donné lieu

[1] Aubry et Rau, p. 147.

à des controverses nombreuses, et il a été imaginé divers systèmes pour expliquer notre art. 800.

Pour soutenir que, contrairement aux principes généraux sur l'autorité de la chose jugée, le successible contre qui est intervenu un jugement de condamnation en qualité d'héritier pur et simple, est déchu d'une manière absolue, et à l'égard de tous les intéressés, du droit d'accepter sous bénéfice d'inventaire, on se fonde principalement sur l'indivisibilité de la qualité d'héritier et sur la théorie du contrat judiciaire.

La première de ces objections se réfute par l'observation que, de ce qu'une qualité est indivisible, il suit bien qu'elle ne peut pas être attribuée ou refusée pour partie, mais il n'en résulte nullement qu'elle ne puisse pas être attribuée à l'égard des uns et refusée à l'égard des autres. Il ne faut pas confondre, en effet, la qualité d'héritier, qui est indivisible en elle-même, avec les effets de cette qualité qui peuvent être divisés. Si cet argument était fondé, il faudrait soutenir aussi que le jugement qui a décidé qu'à l'égard d'un créancier l'héritier a renoncé, serait opposable à tous les autres intéressés, lors même qu'ils demanderaient à établir, au contraire, que l'héritier avait accepté avant de renoncer; cet argument qu'on invoque est donc mauvais, car, sans cela, il devrait nécessairement produire la même conséquence dans les deux cas[1].

Quant au moyen déduit du contrat judiciaire, il n'est pas mieux fondé; tout ce qui résulte, dans nos institutions modernes, de cette ancienne formule *Judicii quasi contrahimus*, c'est que les parties litigantes sont

[1] Demolombe, n° 149.

obligées de se soumettre à la décision rendue par le juge, en satisfaisant aux condamnations qu'il peut prononcer, mais non pas qu'elles adhèrent volontairement à la prétention de leur adversaire, et nul ne peut être héritier sans avoir voulu l'être [1].

Mais, objecte-t-on, cette opinion est contraire au texte même de l'art. 800 du Code Napoléon. Il n'en est rien ; cet article dit que l'héritier ne peut plus se porter héritier bénéficiaire, lorsqu'il existe contre lui un jugement passé en force de chose jugée qui le condamne en qualité d'héritier pur et simple, mais ce jugement n'existe qu'à l'égard du créancier qui l'a obtenu. Notre interprétation s'adapte donc très-bien au texte ; on peut dire, il est vrai, que si c'était là ce que le législateur voulait dire, c'était bien inutile, puisque ce n'était qu'une application de l'art. 1351 du Code Napoléon. Mais était-il plus utile de dire que le successible qui aurait fait acte d'héritier pur et simple ne pourrait plus se porter héritier bénéficiaire ? et cependant l'art. 800 du Code Napoléon le dit [2]. D'ailleurs, en se plaçant au point de vue où s'est mis le législateur, on verra que la prétendue superfétation qu'on veut trouver dans notre article n'existe pas réellement ; le législateur a prévu le cas où un héritier voudrait, postérieurement au jugement de condamnation prononcé contre lui faute de s'être mis en règle, remplir les formalités du bénéfice d'inventaire, et a décidé qu'il ne saurait se prévaloir à l'égard du créancier qui a obtenu le jugement, de l'effet de l'acceptation bénéficiaire [3].

[1] Aubry et Rau, p. 161.
[2] Demolombe, n° 152.
[3] Aubry et Rau, p. 162.

On veut encore tirer des arguments de la discussion qui a eu lieu au Conseil d'État au sujet de l'art. 800 du Code Napoléon [1], mais ces discussions n'ont jeté qu'un jour assez douteux sur la question, et on peut les invoquer tout aussi bien en faveur de notre opinion. Tout ce qui paraît en résulter, c'est que les rédacteurs du Code ont voulu se référer purement et simplement à la règle qui serait posée dans l'art. 1351 du Code Napoléon, et ne rien innover aux principes sur l'autorité de la chose jugée.

Enfin, un jurisconsulte, M. Valette, a cherché dans notre article une espèce de limite qui serait assignée par la loi à la faculté d'accepter sous bénéfice d'inventaire, un fait qui vient clore définitivement le laps de temps accordé au successible pour ce mode d'acceptation; en un mot, le jugement de condamnation aurait un effet absolu, mais en ce sens seulement qu'il viendrait clore la faculté d'accepter bénéficiairement, dont il serait la limite envers et contre tous, laissant subsister, à l'encontre de tous les créanciers autres que celui qui a obtenu le jugement, le droit d'option entre l'acceptation pure et simple et la renonciation. Mais cette opinion ne s'appuie sur aucun texte de loi, et rien dans les travaux préparatoires du Code ne vient la justifier; elle est, de plus, contraire aux principes, puisqu'en faisant résulter cette déchéance d'une sorte de mise en demeure par l'un des créanciers, on admettrait tous les autres créanciers à se prévaloir de la mise en demeure opérée par l'un d'eux et des conséquences qui s'y trouvent attachées, quoique cependant il n'existe

_____
[1] Locré, t. X, p. 114 et suiv.

entre eux aucun lien de solidarité ou d'indivisibilité[1].

L'art. 800 du Code Napoléon, à notre avis, n'a eu en vue que le jugement dans lequel la qualité d'héritier n'aurait été reconnue qu'incidemment, à un successible qui n'aurait pas encore rempli les formalités requises pour l'acceptation bénéficiaire, et non un jugement intervenu sur un procès, qui avait pour objet la qualité même d'héritier pur et simple. Aussi dirons-nous *a fortiori* que, dans ce dernier cas, lorsque la contestation a directement et principalement porté sur le point de savoir si le successible devait être considéré comme héritier pur et simple, le jugement qui est intervenu ne peut produire effet qu'entre les parties en cause. Dans ce dernier cas, la position du successible est, en effet, plus favorable encore que dans le premier; il a formellement contesté la qualité d'héritier pur et simple qu'on prétendait lui attribuer; on ne peut plus lui opposer la présomption de l'intention d'accepter purement et simplement, présomption sur laquelle est basé l'art. 800 du Code Napoléon, et on retombe nécessairement sous l'application de la règle générale posée en l'art. 1351 du Code Napoléon[2].

APPENDICE.

De la renonciation au bénéfice d'inventaire.

La qualité d'héritier bénéficiaire ne constitue pas, à l'égard de celui qui en est investi, une situation irrévocable; l'héritier qui a accepté sous bénéfice d'inven-

---

[1] Aubry et Rau, p. 163; Demolombe, n° 151 bis.
[2] Aubry et Rau, p. 166; Demolombe, n° 149.

taire, ne peut plus, il est vrai, aux termes de l'art. 783 du Code Napoléon, revenir sur son acceptation et renoncer à la succession, que dans le cas où cette acceptation aurait été la suite d'un dol pratiqué envers lui, et pour cause de lésion, si la succession se trouvait absorbée ou diminuée de plus de moitié, par la découverte d'un testament inconnu au moment de l'acceptation; mais il peut toujours renoncer à son bénéfice et se porter héritier pur et simple.

Cette renonciation peut être *expresse* ou *tacite;* elle est *expresse*, quand l'héritier déclare, dans un acte authentique ou privé, son intention de renoncer au bénéfice d'inventaire, ou même quand il prend dans un acte la qualité d'héritier pur et simple (C. Nap., arg. art. 778). Mais il n'y aurait à induire aucune renonciation du fait que l'héritier bénéficiaire aurait pris, dans un acte quelconque, la qualité d'héritier seulement, sans ajouter celle de bénéficiaire, car le mot *héritier*, sans autre addition, devrait s'entendre, dans ce cas, dans le sens de la qualité déjà acquise au successible [1].

La renonciation *tacite* résulte de tout acte de disposition, qu'il n'est pas permis à l'héritier de faire en qualité d'héritier bénéficiaire, et qui annonce, de sa part, l'intention de renoncer à son bénéfice et de se porter héritier pur et simple. Sauf les cas prévus par les art. 801 du Code Napoléon et 988 et 989 du Code de procédure, et que nous examinerons plus loin, cette présomption est laissée à l'appréciation du juge, d'après la nature des actes faits par l'héritier. Mais il ne faudrait pas la faire résulter de tout acte qui suffirait

---

[1] Aubry et Rau, p. 185; Demolombe, n° 361.

pour rendre héritier pur et simple le successible qui n'a pas encore pris qualité. L'héritier bénéficiaire est, en effet, héritier et propriétaire, et ses pouvoirs sont bien autrement étendus que ceux de l'habile à succéder pendant les délais pour faire inventaire et délibérer. Il ne faudrait pas même l'induire indistinctement de tout acte dépassant les pouvoirs de l'administration libre qui appartient à l'héritier, parce que cette présomption serait, le plus souvent, contraire à l'intention de l'héritier, et que la loi elle-même est loin de déterminer exactement l'étendue de ces pouvoirs[1]. Il faut même aller plus loin et dire qu'il serait impossible d'induire cette renonciation d'un acte irrégulier ou d'une faute d'administration, dans les cas où la loi elle-même attache à cette irrégularité ou à cette faute une conséquence spéciale, autre que la déchéance du bénéfice d'inventaire, par exemple, dans un des cas prévus par les art. 803, 804 et 807 du Code Napoléon[2].

La renonciation tacite ou la présomption de renonciation résulte encore de certains faits spécialement prévus par la loi, auxquels elle attache la déchéance du bénéfice d'inventaire, comme une garantie qu'elle donne aux créanciers et légataires contre l'héritier; nous en parlerons en traitant de ces garanties.

CHAPITRE II.

DE L'ACCEPTATION SOUS BÉNÉFICE D'INVENTAIRE
IMPOSÉE PAR LA LOI.

Nous avons vu jusqu'ici quelles sont les personnes qui peuvent accepter sous bénéfice d'inventaire, et les

[1] Demolombe, n° 367.
[2] Demolombe, n° 369.

conditions de cette acceptation; nous avons examiné cette faculté comme un bénéfice dont le successible peut profiter, ou auquel il peut renoncer, selon les circonstances et selon son intérêt. Nous arrivons maintenant aux cas où c'est la loi elle-même qui fait cette option, où elle s'arroge le droit de choisir, qu'en règle générale elle reconnaît au successible; ces cas sont au nombre de deux: 1° Celui prévu par les art. 461 et 776 du Code Napoléon, lorsque la succession est échue à un mineur ou à un interdit; 2° celui des art. 781 et 782 du Code Napoléon, quand les héritiers d'un successible, décédé sans avoir pris qualité, ne sont pas d'accord pour accepter ou pour répudier la succession du chef du défunt. Il y a entre ces deux cas une différence très-importante, en ce qui concerne ce droit d'option que s'est réservé la loi; dans le premier cas, en effet, elle interdit seulement l'acceptation pure et simple, mais ne défend pas la renonciation; dans le second, au contraire, elle impose l'acceptation bénéficiaire, en refusant aux héritiers le droit de renoncer, aussi bien que celui d'accepter purement et simplement.

A ces deux cas M. Billhard en ajoute un autre, celui où une succession est acceptée par les créanciers au nom de leur débiteur, en vertu des art. 1166 et 788 du Code Napoléon[1]; aucun texte, cependant, ne déclare que dans cette hypothèse la succession ne peut être acceptée que sous bénéfice d'inventaire; il n'est pas même nécessaire, dans l'intérêt de l'héritier aussi peu que dans celui des créanciers, de suppléer à ce silence.

[1] Billhard, n° 19.

L'acceptation faite par les créanciers au nom de leur débiteur, d'une succession échue à ce dernier, ne peut pas, en effet, engager l'héritier et entraîner pour lui l'obligation de payer les dettes de la succession *ultra vires*; s'il n'a pas concouru lui-même à cette acceptation, elle ne produit aucun effet à son égard, elle ne lui profite pas, mais elle ne peut pas non plus lui porter préjudice (C. Nap., arg. art. 788). Quant aux créanciers, ils ont tout aussi peu besoin du bénéfice d'inventaire, puisqu'ils ne sont pas héritiers et qu'ils ne sauraient par conséquent être personnellement tenus en cette qualité [1].

SECTION PREMIÈRE.

De l'acceptation des successions échues aux mineurs et interdits.

En dehors des actes d'administration permis aux tuteurs dans l'intérêt des mineurs, la loi a placé certains actes juridiques, qui sembleraient devoir y rentrer, comme ne tendant, en général et par eux-mêmes, qu'à l'augmentation du patrimoine des mineurs. Telle est l'acceptation d'une succession qui, le plus souvent, a pour effet d'enrichir celui à qui elle est échue, mais qui peut entraîner quelquefois des obligations de nature à engager tout ou partie de son patrimoine propre [2].

Aussi les art. 776 et 461 du Code Napoléon, défendent aux tuteurs *d'accepter une succession échue au mineur sans une autorisation préalable du conseil de famille, et autrement que sous bénéfice d'inventaire.*

[1] Demolombe, n° 121.
[2] Aubry et Rau, t. Ier, § 113.

Ce que nous disons ici du mineur, s'applique également au *mineur émancipé* (C. Nap., art. 484), *à l'interdit pour cause de démence* (C. Nap., art. 509), *au condamné frappé d'interdiction légale* (C. pén., art. 29).

Cette défense faite au tuteur d'accepter une succession pour le compte de son pupille, autrement que sous bénéfice d'inventaire, même avec l'autorisation du conseil de famille, n'est pas toujours dans l'intérêt bien entendu du mineur, mais à part les lenteurs qu'entraîne la liquidation d'une succession acceptée sous bénéfice d'inventaire, et les frais, peut-être plus élevés, auxquels ce mode d'acceptation donne lieu, elle n'offre cependant pas, en général, de graves inconvénients.

L'acceptation ainsi faite au nom du mineur, est réglé, en thèse générale, par les mêmes règles que celle faite par un majeur, maître de ses droits; mais les conséquences de l'inobservation des formalités prescrites pour cette acceptation ne sont pas les mêmes dans les deux cas. Le tuteur, au nom du mineur, est soumis à l'obligation de faire au greffe du tribunal du lieu de l'ouverture de la succession, la déclaration d'acceptation sous bénéfice d'inventaire, car ce n'est que par cette déclaration qu'il manifeste son intention d'accepter la succession. C'est donc à tort qu'en présence du texte formel de l'art. 793 du Code Napoléon qui ne fait aucune distinction, il a été jugé par divers arrêts, que cette déclaration est inutile pour les mineurs et interdits[1]. Toutefois, tant que dure la minorité ou l'interdiction, le défaut de déclaration au greffe ne saurait préjudicier au mineur ou à l'interdit, et à ce point de

---

[1] Dalloz, n° 717.

vue on a raison de dire, que cette formalité n'est pas indispensable pour l'existence du bénéfice d'inventaire. Mais elle n'en est pas moins imposée au tuteur, dont la négligence à se conformer aux prescriptions de la loi pourrait entraîner la responsabilité personnelle à l'égard des tiers auxquels cette négligence aurait porté préjudice[1].

Il en est de même de l'inventaire, à la confection duquel le tuteur est, du reste, déjà tenu en vertu de ses devoirs généraux (C. Nap., arg. art. 451).

L'acceptation faite au nom du mineur, avec l'observation des formes prescrites est, comme celle du majeur, irrévocable; le mineur devenu majeur ne pourrait pas attaquer l'acceptation faite en son nom par le tuteur, avec l'autorisation du conseil de famille, lors même que cette acceptation l'obligerait au rapport d'où résulterait pour lui une véritable lésion; cette opinion, conforme à la doctrine de la plupart des jurisconsultes, a été récemment adoptée par un jugement du tribunal civil de la Seine, du 25 juin 1859, confirmé par arrêt de la cour impériale de Paris du 13 février 1860.

Le mineur ne peut jamais être déchu du droit d'accepter sous bénéfice d'inventaire, par une acceptation pure et simple, expresse ou tacite, antérieure, puisque cette acceptation pure et simple est impossible pour lui; nous verrons plus loin que les causes de déchéance du bénéfice d'inventaire ne lui sont pas applicables non plus, le bénéfice d'inventaire étant inhérent à sa personne, et le complément indispensable de sa qualité d'héritier[2].

[1] Demolombe, n° 133.
[2] Demolombe, n° 393.

SECTION II.

De l'acceptation bénéficiaire en cas de désaccord entre les héritiers d'un successible décédé sans avoir pris qualité.

Lorsque celui à qui une succession est échue, est décédé sans l'avoir répudiée ou sans l'avoir acceptée expressément ou tacitement, ses héritiers peuvent l'accepter ou la répudier de son chef (C. Nap., art. 781). Mais ces héritiers peuvent bien n'être pas d'accord sur le point de savoir s'ils doivent accepter ou répudier cette succession. L'un trouve que les dettes sont assez considérables pour qu'il y ait lieu de renoncer, l'autre pense que les biens dépassent les dettes et qu'il vaut mieux accepter. L'art. 782 du Code Napoléon tranche la difficulté en déclarant que *si ces héritiers ne sont pas d'accord pour accepter ou pour répudier la succession, elle doit être acceptée sous bénéfice d'inventaire.*

Cette disposition serait très-sage, si le désaccord des héritiers ne pouvait provenir d'autre cause que celle indiquée; l'acceptation bénéficiaire donnerait la certitude de ne pas payer les dettes au delà de l'importance des biens, en même temps qu'elle garantirait les avantages à tirer de la succession, si les biens dépassent le montant des dettes. Mais il est une autre circonstance à laquelle le législateur ne paraît pas avoir songé. L'acceptation bénéficiaire oblige au rapport aussi bien que l'acceptation pure et simple; l'art. 843 du Code Napoléon est formel à cet égard. Or, en raison de la nécessité de ce rapport, il peut être de l'intérêt des héritiers de renoncer à la succession pour s'en tenir à ce que celui auquel ils succèdent a reçu entrevifs du *de cujus*, et dans ce cas, l'acceptation bénéficiaire ne les met pas à l'abri du danger. On peut bien nous objecter que dans ce cas, l'intérêt de chacun des successibles étant le même, il n'est pas à craindre que l'un d'eux veuille forcer les autres à prendre un parti qui serait préjudiciable à tous; mais il peut arriver que l'un de ces héritiers le fasse par respect pour la mémoire du *de cujus*, ou encore par connivence avec ceux auxquels le rapport doit profiter; dans ce dernier cas on pourrait bien obtenir l'annullation de l'acceptation aux termes de l'art. 783 du Code Napoléon, mais encore faudrait-il prouver le dol! Ce moyen serait même inefficace et devrait être refusé, si l'un des successibles de l'héritier prédécédé était en même temps héritier de son chef du *de cujus*, et devait ainsi profiter du rapport qu'au moyen de l'acceptation imposée à ses cohéritiers du chef du successible prédécédé il serait obligé de faire avec ces derniers; il pourrait, dans ce cas, se retrancher derrière la règle : *qui jure suo utitur neminem lædit.*

L'ancien droit avait adopté sur ce point un système qui présentait moins d'inconvénients, en laissant aux tribunaux le soin de décider le parti qui convenait le mieux aux héritiers en désaccord. Ce système, introduit dans le projet du Code (art. 82), a été repoussé sur les observations d'un grand nombre de tribunaux d'appel, comme ayant l'inconvénient de faire naître des procès; il eût été plus simple de le remplacer en laissant à chaque héritier séparément le droit d'accepter ou de répudier la succession à son gré, comme le législateur l'a fait pour les héritiers de la femme, en matière d'acceptation de la communauté[1] (C. Nap., art. 1475).

Nous n'avons pas à nous occuper des conditions et formalités de cette acceptation : les règles sont les mêmes que pour les autres héritiers, et tout ce que nous avons dit dans le premier chapitre de cette partie, s'applique ici.

La seule difficulté qui puisse s'élever est relative à la déchéance du bénéfice d'inventaire encourue par l'un des héritiers, ou sa renonciation à ce bénéfice; nous en parlerons en nous occupant de la déchéance.

DEUXIÈME PARTIE.

Des effets du bénéfice d'inventaire.

Les effets du bénéfice d'inventaire n'étaient pas autrefois réglés en France d'une manière très-uniforme ni très-certaine. Dans les pays de droit écrit, c'était une question assez débattue que celle de savoir si le bénéfice d'inventaire, en donnant à l'héritier l'avantage de n'être pas tenu au delà de la valeur des biens de la succession, l'empêchait d'être tenu personnellement dans la limite de cette valeur.

Dans les pays de coutumes, au contraire, l'opinion généralement admise était que l'héritier bénéficiaire ne pouvait être poursuivi sur ses propres biens. Toutefois, on reconnaissait partout que l'héritier bénéficiaire n'en était pas moins *vrai héritier*, *vrai propriétaire*, par conséquent, et *vrai possesseur* des biens de la succession,

[1] Marcadé, sur l'art. 783; Mourlon, *Rép. écr.*, t. II, p. 94.

et Pothier, qui le caractérisait ainsi, ajoutait que l'acceptation sous bénéfice d'inventaire ne diffère de l'acceptation pure et simple, qu'en ce qu'elle donne à l'héritier le bénéfice de n'être point tenu des dettes de la succession sur ses propres biens [1].

Telle est aussi la doctrine que le Code Napoléon a consacrée; l'héritier bénéficiaire est un vrai héritier, et la seule différence qui le distingue de l'héritier pur et simple, c'est qu'il ne confond pas les biens de la succession avec ses biens personnels; sauf cette différence, l'héritier bénéficiaire conserve tous les droits, de même qu'il demeure soumis à toutes les obligations qui résultent de la transmission héréditaire [2].

Nous pouvons donc dire que l'effet principal, l'effet unique du bénéfice d'inventaire, c'est l'obstacle qu'il apporte à la confusion des patrimoines, qui résulte, en règle générale, de la transmission héréditaire et de l'acceptation pure et simple; c'est la distinction, la séparation des deux patrimoines, celui de la succession et celui de l'héritier [3].

De cet effet principal dérivent, comme conséquences, les effets suivants, qui n'en sont, pour ainsi dire, que des corollaires :

1° L'héritier bénéficiaire n'est tenu des dettes et charges de la succession que sur les biens de la succession, et jusqu'à concurrence de la valeur de ces biens.

2° Les droits et actions de l'héritier bénéficiaire contre la succession, et réciproquement ceux de la suc-

[1] Pothier, *Des success.*, ch. III, sect. III, art. 2, § 1.
[2] Demolombe, n° 155.
[3] Aubry et Rau, p. 194; Marcadé, sur l'art. 802, p. 178.

cession contre l'héritier bénéficiaire, ne s'éteignent pas par confusion [1].

Nous allons examiner ces deux effets du bénéfice d'inventaire, dans deux chapitres, dans les rapports de l'héritier : 1° avec les créanciers de la succession et les légataires ; 2° avec la succession elle-même. Nous verrons, dans un troisième chapitre, les effets du bénéfice d'inventaire dans les rapports des créanciers et des légataires entre eux.

CHAPITRE PREMIER.

DES EFFETS DU BÉNÉFICE D'INVENTAIRE DANS LES RAPPORTS DE L'HÉRITIER AVEC LES CRÉANCIERS DE LA SUCCESSION ET LES LÉGATAIRES.

L'acceptation bénéficiaire modifie les rapports existant, en général, entre l'héritier et les créanciers de la succession et les légataires, par suite de la transmission héréditaire, en restreignant d'un côté les obligations de l'héritier à l'égard des créanciers et des légataires, et, de l'autre côté, en étendant les droits de ces derniers sur les biens de la succession par la préférence qui leur est accordée à l'encontre de l'héritier et de ses ayants droit.

SECTION PREMIÈRE.

De l'obligation de l'héritier bénéficiaire à l'égard des créanciers et légataires.

L'effet du bénéfice d'inventaire, dit l'art. 802 du Code Napoléon, *est de donner à l'héritier l'avantage de n'être*

---

[1] Demolombe, n° 158.

tenu du paiement des dettes de la succession que jusqu'à concurrence de la valeur des biens qu'il a recueillis.

La formule employée par l'art. 802 du Code Napoléon pour déterminer l'obligation de l'héritier bénéficiaire à l'égard des créanciers de la succession et des légataires, manque d'exactitude, en ce qu'elle pourrait faire supposer que l'héritier bénéficiaire est tenu sur ses biens personnels jusqu'à concurrence de la valeur des biens qu'il a recueillis; c'est la traduction presque littérale de la Constitution de Justinien, qui portait : *Ut in tantum hereditariis creditoribus teneantur in quantum res substantiæ ad eos devolutæ valeant*[1], dont les termes ont précisément fait naître, tant en droit romain que dans l'ancien droit français des provinces de droit écrit, le doute si l'héritier, tout en n'étant tenu des dettes que jusqu'à concurrence des biens recueillis, n'en était pas moins réellement obligé sur ses biens personnels jusqu'à concurrence de cette valeur.

Toutefois, il résulte clairement de l'art. 803 du Code Napoléon, qui détermine certains cas dans lesquels l'héritier, par exception, peut être tenu sur ses propres biens, que telle n'a pas été, en règle générale, l'intention des rédacteurs du Code[2]. Ainsi l'héritier bénéficiaire n'est pas, sauf quelques cas exceptionnels que nous verrons plus loin, obligé sur ses biens personnels envers les créanciers de la succession et les légataires; ceux-ci ne peuvent exercer aucune poursuite sur ces biens, aucune action relative à ces biens, pour se faire rembourser du montant de ce qui leur

---

[1] C. 22, § 4, C., *De jur. de lib.*, VI, 30.
[2] Demolombe, n° 159.

est dû [1]. Mais il n'en faut pas conclure que l'héritier n'est pas obligé du tout envers les créanciers et les légataires; il est, à leur égard, successeur du défunt, et, comme tel, tenu des obligations de ce dernier ; seulement il n'est tenu qu'en sa qualité d'héritier bénéficiaire et sur les biens exclusivement qui se trouvent dans la succession, c'est-à-dire ceux qui appartenaient au *de cujus* au moment de son décès, puisque ces biens seuls sont affectés au paiement des créanciers et des légataires.

Le bénéfice d'inventaire ne fait pas obstacle à la division des dettes entre cohéritiers, s'il y en a plusieurs, telle que cette division est formulée par les art. 873 et 1220 du Code Napoléon, qui s'appliquent indistinctement à tous les héritiers, aux héritiers bénéficiaires comme aux héritiers purs et simples. Chacun des héritiers n'est donc *tenu des dettes et charges de la succession* que dans la mesure de sa vocation héréditaire, et *pour sa part et portion virile*, sauf le cas où il existe des dettes hypothécaires [2].

Le seul fait de l'acceptation bénéficiaire, indépendamment de tout état d'insolvabilité de la succession, qui la ferait considérer comme étant en déconfiture ou en faillite, ne rend pas par lui-même exigibles les créances à terme, et ne fait pas encourir la déchéance du terme à l'héritier bénéficiaire, qui reste obligé, en cette qualité, de la même manière et sous les mêmes conditions que l'était le défunt. Mais cela ne veut pas dire que les créanciers à terme seront forcés de rester spectateurs tranquilles de la distribution des deniers

---

[1] Aubry et Rau, p. 194.
[2] Aubry et Rau, p. 233; Demolombe, n° 169.

de la succession, et qu'ils ne pourront venir y prendre part que lorsque leurs dettes seront exigibles, c'est-à-dire souvent, lorsque l'actif de la succession sera totalement épuisé. Ils ont, comme tout autre créancier, le droit de former opposition entre les mains de l'héritier bénéficiaire, et de se garantir ainsi contre le préjudice qui pourrait résulter pour eux de la non-exigibilité de la créance. Ils ont le droit de prendre part aux distributions par contribution et aux ordres, et de se faire colloquer éventuellement avec les autres sur les deniers de la succession [1].

Ce n'est qu'autant que l'héritier bénéficiaire contracte, par un fait personnel, une obligation nouvelle envers les créanciers et les légataires, qu'il peut être contraint sur ses biens personnels, et, dans ce cas même, on peut dire qu'il n'y a pas exception à la règle d'après laquelle il n'est tenu que sur les biens de la succession, car la cause, en vertu de laquelle il peut être poursuivi sur ses propres biens, dérive alors non de la qualité d'héritier, mais de son fait ou de sa faute. *Il ne peut*, dit l'art. 803 du Code Napoléon, *être contraint sur ses biens personnels qu'après avoir été mis en demeure de présenter son compte, et faute par lui d'avoir satisfait à cette obligation. Après l'apurement du compte, il ne peut être contraint sur ses biens personnels que jusqu'à concurrence des sommes dont il se trouve reliquataire.* A ces deux cas, on peut ajouter celui de l'art. 804 du Code Napoléon, lorsqu'il a commis une faute grave à raison de laquelle il doit aux légataires des dommages-intérêts.

---

[1] Demolombe, n° 16×, Rolland de Villargues, n° 21.

SECTION II.

Des droits des créanciers et des légataires.

Nous avons vu que l'effet capital du bénéfice d'inventaire est d'empêcher la confusion du patrimoine de l'héritier avec les biens de la succession ; il affranchit l'héritier de l'obligation qu'il aurait en cette qualité d'acquitter les dettes de la succession, comme s'il était lui-même obligé ; mais en même temps il affecte les biens héréditaires au paiement des dettes et charges de la succession, à l'exclusion de l'héritier et de ses créanciers personnels, et en fait le gage exclusif des créanciers de la succession et des légataires. Ces derniers conservent le droit d'exercer leurs actions contre l'héritier et sur les biens de la succession, tels qu'ils auraient pu les exercer contre le défunt lui-même, sauf les restrictions que nous indiquerons dans la dernière partie, et qui proviennent de la qualité d'administrateur de la succession, que la loi donne à l'héritier bénéficiaire, tant dans son propre intérêt, que dans l'intérêt des créanciers et des légataires.

Mais il se présente ici la question de savoir si le bénéfice d'inventaire produit de plein droit, au profit des créanciers de la succession et des légataires, la séparation des patrimoines dont parlent les art. 878 et suiv. du Code Napoléon, sans que les créanciers et légataires aient besoin de la demander, ni de prendre inscription sur les immeubles héréditaires dans les six mois de l'ouverture de la succession.

D'après l'opinion la plus accréditée en doctrine, et qui est admise par la jurisprudence de la Cour de cassation et de la plupart des cours impériales, le bénéfice d'inventaire produit, dans tous les cas et de plein droit, la séparation des patrimoines au profit des créanciers de la succession et des légataires, indépendamment de toute demande en justice et de toute inscription sur les immeubles héréditaires[1].

Nous ne croyons pas pouvoir admettre cette opinion, quelles que soient les autorités qu'on peut invoquer en sa faveur, et nous pensons que la séparation des patrimoines ne peut jamais, même dans le cas d'une succession bénéficiaire, avoir lieu de plein droit, mais; qu'au contraire, les créanciers qui ont intérêt à cette séparation, peuvent et doivent la demander, tout comme les créanciers d'une succession acceptée purement et simplement, et remplir les formalités prescrites pour ces derniers.

On pourrait se demander, à première vue, quel peut être l'intérêt de cette question, puisque le bénéfice d'inventaire, en restreignant aux seuls biens héréditaires le gage des créanciers du défunt et des légataires, affecte ces biens au paiement de ce qui leur revient, à l'exclusion des créanciers personnels de l'héritier. Dans quel but alors viendraient-ils demander la séparation des patrimoines, puisque l'acceptation bénéficiaire empêche déjà par elle-même leur confusion? L'acceptation bénéficiaire assure bien aux créanciers de la succession et aux légataires la préférence à l'encontre des créanciers personnels de l'héritier, et à ce point de vue elle produit le même effet que la séparation des patrimoines qui serait demandée par les créanciers du défunt; cet effet résulte de plein droit du

---

[1] Aubry et Rau, p. 235; Billard, n° 113; Dalloz, n° 785, 794.

bénéfice d'inventaire (C. Nap., art. 802); mais ce n'est pas là la séparation des patrimoines. D'une part, en effet, le bénéfice d'inventaire ne produit pas, sur les immeubles héréditaires, le droit de suite que nous croyons conféré par la séparation des patrimoines et l'inscription prise en vertu de l'art. 2111 du Code Napoléon [1]; d'autre part, la déchéance du bénéfice d'inventaire, encourue par l'héritier, ou sa renonciation à ce bénéfice, fait, selon nous, disparaître cette distinction des patrimoines qu'engendre le bénéfice d'inventaire, avec la cause qui la produit. Ce n'était là, dans l'intérêt des créanciers de la succession et des légataires, qu'une conséquence du bénéfice d'inventaire, un effet qui ne leur profitait que corrélativement à la double impossibilité où il les mettait eux-mêmes de poursuivre les biens personnels de l'héritier, et où il plaçait les créanciers personnels de l'héritier de poursuivre les biens de la succession. Or, l'héritier bénéficiaire étant devenu héritier pur et simple, cette double impossibilité a cessé, et de même que les créanciers de la succession ont le droit de poursuivre les biens personnels de l'héritier, les créanciers personnels de l'héritier ont désormais le droit de poursuivre les biens de la succession; à moins que la séparation des patrimoines, régulièrement demandée par les créanciers de la succession, ne vienne empêcher la confusion des patrimoines résultant de la cessation du bénéfice d'inventaire [2].

Nous croyons donc que l'acceptation bénéficiaire produit bien, au profit des créanciers de la succession et des légataires, un des effets de la séparation des pa-

---

[1] Demolombe, *Tr. des success.*, t. V, n° 206 et suiv.
[2] Demolombe, n° 172.

trimoines demandée par eux, c'est-à-dire le droit de
préférence, mais seulement pendant la durée du bénéfice d'inventaire; cet effet cesse de plein droit par la
renonciation de l'héritier au bénéfice d'inventaire, ou
sa déchéance de ce bénéfice. En conséquence, les
créanciers de la succession et les légataires peuvent
toujours et doivent même dans leur intérêt, s'ils craignent l'insolvabilité de l'héritier, faire prononcer la séparation des patrimoines, et assurer ainsi par l'accomplissement des conditions imposées par la loi, la séparation qui résulte du bénéfice d'inventaire, afin que,
si cette dernière cause venait à cesser, la séparation
subsistât toujours en vertu de l'autre cause, la demande des créanciers[1].

Nous ne croyons pas même, comme il a été jugé par
la cour de Bordeaux[2], que le délai de six mois pour
l'inscription sur les immeubles, au profit des créanciers qui veulent demander la séparation des patrimoines, ne court que du jour de la renonciation de
l'héritier au bénéfice d'inventaire, ou de la déchéance
par lui encourue; parce que cette inscription, pour
être efficace, doit être prise aux termes de l'art. 2111
du Code Napoléon, *dans les six mois de l'ouverture de
la succession*, et que les créanciers et légataires, s'ils
craignent que le bénéfice d'inventaire ne vienne à
cesser, peuvent toujours prendre cette inscription dans
le délai fixé[3].

[1] Marcadé, sur l'art. 880, n° 7.
[2] 24 juillet 1830; Sirey 1831. p. 190.
[3] Demolombe, n° 172, p. 205.

CHAPITRE II.

DES EFFETS DU BÉNÉFICE D'INVENTAIRE DANS LES RAPPORTS DE L'HÉRITIER AVEC LA SUCCESSION.

Le bénéfice d'inventaire, tout en laissant subsister les droits et la qualité d'héritier, empêche la confusion des biens de l'hérédité avec le patrimoine de l'héritier; elle maintient entre la succession et l'héritier les rapports qui existaient entre lui et le défunt, et conserve toutes les créances et en général tous les droits de l'héritier contre le défunt, et du défunt contre l'héritier. L'acceptation bénéficiaire investit donc l'héritier à l'égard de la succession d'une double qualité, celle d'héritier et celle de tiers.

SECTION PREMIÈRE.

Des rapports entre la succession et l'héritier considéré comme héritier.

L'acceptation bénéficiaire ne produit en réalité d'effets que dans les rapports de l'héritier bénéficiaire avec les créanciers de la succession et les légataires, et dans ceux de l'héritier avec la succession, quant aux droits et actions seulement qu'il avait contre le défunt, ou que le défunt pouvait avoir contre lui. En ce qui concerne les relations de l'héritier bénéficiaire avec ses cohéritiers, elles ne sont nullement modifiées par l'effet de l'acceptation bénéficiaire.

C'est ainsi, par exemple, comme nous l'avons dit, que l'héritier bénéficiaire doit le rapport envers ses cohéritiers, et que le rapport lui est dû; c'est ainsi encore que les règles de la division des dettes entre cohéritiers sont applicables à la succession bénéficiaire,

7

comme à celle acceptée purement et simplement[1].

L'héritier bénéficiaire et ses ayant droit ne peuvent prétendre qu'à ce qui reste de la succession, après que les créanciers du défunt et les légataires ont été intégralement satisfaits, et les créanciers personnels de l'héritier n'ont rien à prétendre au préjudice de ceux de la succession et des légataires. Mais comme l'héritier bénéficiaire n'en est pas moins vrai propriétaire, dès le jour de l'ouverture de la succession, de tout l'actif qui pourra rester disponible après l'extinction des dettes et le paiement des legs, ce restant est, tout comme ses autres biens, le gage commun de ses créanciers (C. Nap., art. 2093). On ne saurait donc refuser aux créanciers personnels de l'héritier le droit de prendre des mesures conservatoires pour se faire payer sur ce qui reviendra éventuellement à leur débiteur dans la succession qui lui est échue. Ils peuvent exercer leurs droits et actions sur les biens de la succession, tout comme sur les biens personnels de l'héritier, mais sans pouvoir préjudicier aux droits des créanciers de la succession et des légataires[2].

SECTION II.

Des rapports entre la succession et l'héritier bénéficiaire considéré comme tiers.

L'effet du bénéfice d'inventaire, dit l'art. 802, 2°, du Code Napoléon, *est de donner à l'héritier l'avantage de ne pas confondre ses biens personnels avec ceux de la succession et de conserver contre elle le droit de réclamer le paiement de ses créances* (comp. C. Nap., art. 1300).

[1] Aubry et Rau, p. 209 ; Demolombe, n° 358.
[2] Aubry et Rau, p. 208 ; Demolombe, n° 180 *bis*.

Il en résulte :

1° Que l'héritier bénéficiaire conserve contre la succession le droit de réclamer le paiement de ses créances[1]. C'est là une conséquence nécessaire de ce qu'il
n'est pas tenu sur ses propres biens des dettes du défunt, car il paierait de ses propres biens les dettes dont
le défunt était tenu envers lui, si ces dettes s'étei-
gnaient à son préjudice, et au profit de la succession,
par le fait de son acceptation bénéficiaire. L'héritier
conserve donc, comme un tiers, tous ses droits contre
la succession, et par réciproque, la succession conserve tous ses droits et actions contre lui, car la succession ne doit pas plus payer les dettes de l'héritier
bénéficiaire, que l'héritier ne doit payer celles de la
succession[2].

L'héritier peut exercer ses droits et actions contre la
succession, tout comme pourrait le faire un autre
créancier; s'il est créancier chirographaire, il peut
venir dans la distribution par contribution, au marc le
franc avec les autres créanciers chirographaires, et s'il
est créancier hypothécaire, se faire colloquer à son
rang; bien plus, si le paiement des créanciers se fait
aux termes de l'art. 808, 2°, du Code Napoléon, en
l'absence d'oppositions, aux créanciers, à mesure qu'ils
se présentent, il peut même se payer de préférence à
tous autres créanciers; *similem cum aliis creditoribus
per omnia habeat fortunam*[3].

2° Non-seulement les droits antérieurs et préexis-

---

[1] Aubry et Rau, p. 196.
[2] Demolombe, n° 182; Pothier, *Des success.*, ch. III, sect. III,
art. 2, § 7.
[3] C. 22, § 9, C., *De jur. delib.*, VI, 30.

tants, qu'il avait contre le défunt, subsistent au profit de l'héritier bénéficiaire, mais ce dernier peut même acquérir des droits nouveaux contre la succession ; c'est ainsi que la loi établit *de plein droit la subrogation à son profit, lorsqu'il paie de ses deniers les dettes de la succession* (C. Nap., art. 1251, 4°)[1].

3° Les tiers, débiteurs personnels de l'héritier bénéficiaire, ne peuvent pas lui opposer en compensation les créances qu'ils auraient eux-mêmes contre la succession, puisque les qualités de *créancier* et de *débiteur* ne se rencontrent pas en sa personne (C. Nap., art. 1289)[2].

4° *Les actes sous seing privé*, souscrits par le défunt, ne sauraient avoir *date* certaine contre l'héritier bénéficiaire, en sa qualité de créancier de la succession, *qu'à partir du décès de celui ou de l'un de ceux qui les ont souscrits*, à moins qu'ils n'aient été enregistrés ou relatés dans des actes authentiques (C. Nap., art. 1328)[3].

5° L'héritier bénéficiaire a le droit de *faire déclarer*, s'il y a lieu, *la faillite du défunt* (C. de com., art. 437)[4].

6° Les art. 1165, 1166 et 1167 du Code Napoléon, relatifs *à l'effet des conventions à l'égard des tiers*, sont applicables à l'héritier bénéficiaire.

7° Une autre conséquence de la non-confusion des patrimoines de l'héritier et du défunt, c'est que l'héritier bénéficiaire n'est pas garant des faits de ce dernier ; il conserve donc tous ses droits et actions contre les tiers, à raison des faits du *de cujus*, lors même que leur

[1] Demolombe, nos 188, 190.
[2] Demolombe, n° 195.
[3] Aubry et Rau, p. 196 ; Demolombe, n° 187.
[4] Demolombe, n° 186.

exercice aurait pour résultat d'ouvrir, au profit de ces tiers, un recours en garantie contre la succession. Il n'a pas à craindre l'application de la maxime : *Quem de evictione tenet actio, eumdem agentem repellit exceptio.* C'est ainsi qu'il peut exercer l'action hypothécaire contre les tiers détenteurs des immeubles hypothéqués à sa créance sur la succession, ou revendiquer contre les tiers acquéreurs son propre bien que le *de cujus* aurait vendu (C. Nap., art. 2166)[1].

Nous avons dit que l'héritier bénéficiaire peut exercer ses droits et actions contre la succession, tout comme pourrait le faire un étranger; cependant il semblerait contradictoire qu'on lui permît, en sa qualité de créancier, de recourir, pour arriver à la réalisation des valeurs héréditaires, à des moyens autres que ceux que la loi lui accorde en qualité d'administrateur de la succession bénéficiaire, par exemple, de procéder par voie de saisie immobilière sur les immeubles de la succession, lorsque, comme administrateur, il a un moyen plus simple pour arriver à la vente de ces biens.

Si l'héritier bénéficiaire a des poursuites judiciaires à exercer contre la succession, il ne peut naturellement jouer en même temps le rôle de demandeur en son nom, et de défendeur au nom de la succession; il y aurait là, suivant l'expression de Lebrun, la plus formelle des incompatibilités, celle d'agent et de patient[2]. Aussi l'art. 996 du Code de procédure dispose que *les actions à intenter par l'héritier bénéficiaire contre la succession, seront intentées contre les autres héritiers; et s'il n'y en a pas, ou qu'elles soient intentées*

---

[1] Aubry et Rau, p. 196; Demolombe, n° 193; Billard, n° 99.
[2] Voy. Demolombe, n° 197.

par tous, elles le seront contre un curateur au bénéfice d'inventaire, nommé en la même forme que le curateur à la succession vacante. Cette formalité n'est pas prescrite absolument, à peine de nullité; l'héritier bénéficiaire pourrait, par exemple, diriger son action contre les créanciers et les légataires, mais dans ce cas, si tous les créanciers et légataires n'avaient pas été partie dans l'instance, le jugement qui aurait été prononcé n'aurait d'effet qu'à l'égard de ceux qui y auraient figuré[1].

Il n'y a pas lieu non plus, à la nomination d'un curateur au bénéfice d'inventaire, pour les actions que peut avoir à intenter l'héritier, dans le cas où la succession est celle d'un failli, puisque, dans ce cas, la succession est suffisamment représentée par le syndic de la faillite, qui est chargé des intérêts du failli, en même temps que de ceux de la masse des créanciers[2].

La loi n'a pas prévu le cas où l'action serait au contraire à intenter par la succession contre l'héritier bénéficiaire; s'il y a des cohéritiers, ceux-ci ont qualité pour actionner l'héritier débiteur; s'il n'y a pas de cohéritiers et que les créanciers aient intérêt à ce que l'action soit intentée contre l'héritier bénéficiaire, on ne saurait leur refuser le droit d'agir eux-mêmes, ou de provoquer la nomination d'un curateur au bénéfice d'inventaire. Le plus souvent ce ne sera pas nécessaire, puisque les obligations, dont l'héritier est tenu envers la succession, doivent entrer dans le compte qu'il a à rendre de sa gestion, sans qu'on puisse craindre qu'elles ne s'éteignent par prescription, puis-

[1] Demolombe, n°s 197 et 198.
[2] Demolombe, n° 199.

qu'en sa qualité d'administrateur, l'héritier serait responsable pour n'avoir pas exigé *a semet ipso*, lors même qu'on admettrait que la prescription puisse courir au profit de l'héritier contre la succession bénéficiaire[1].

Il est bien entendu que la succession conserve aussi tous ses droits et actions contre l'héritier, et qu'elle peut lui opposer, en défendant, tous les moyens et exceptions par lesquels la demande, par lui intentée, peut être repoussée[2].

De ce que l'héritier peut intenter ses actions contre la succession, la conséquence semblerait devoir être que la prescription court contre lui, à l'égard des créances qu'il peut avoir contre elle; cependant une disposition toute contraire se trouve dans l'art. 2258 du Code Napoléon : *la prescription ne court pas contre l'héritier bénéficiaire, à l'égard des créances qu'il a contre la succession.* Cette disposition ne saurait être expliquée par la maxime: *contra non valentem agere non currit praescriptio*, puisque nous avons vu que l'héritier bénéficiaire peut agir contre la succession; elle s'explique par le principe, que celui qui possède les biens formant le gage de sa créance, ne saurait en général encourir la prescription, car il est présumé jouir pour lui-même; elle se justifie encore par la raison que la prescription libératoire est fondée sur la présomption d'extinction de la dette, présomption déduite de l'inaction du créancier pendant un certain temps, mais qui ne peut être admise contre l'héritier bénéficiaire, dont le silence et l'inaction s'expliquent, sans

---

[1] Demolombe, n° 200.
[2] Demolombe, n° 192.

qu'il soit nécessaire de supposer une extinction antérieure de la dette[1].

Toutefois, si l'héritier bénéficiaire a des cohéritiers,
la prescription court contre lui, à l'égard des portions
de la créance que la division des dettes a mises à la
charge des cohéritiers, sans qu'il y ait lieu de distinguer entre le temps antérieur et celui postérieur au
partage ; la dette a été divisée de plein droit, dès l'ouverture de la succession, entre les héritiers, et si l'inaction de l'héritier s'explique pour la portion que comprend sa part de succession, il n'en est pas de même
pour celle dont sont tenus les autres héritiers[2].

La suspension de prescription au profit de l'héritier
bénéficiaire ne date que du jour de l'acceptation; le
motif sur lequel elle est fondée fait défaut aussi longtemps que l'héritier n'a pas pris parti. L'art. 777 du
Code Napoléon qu'on invoque contre cette opinion
ne paraît pas pouvoir être appliqué ici, et l'art. 2259
du Code Napoléon dispose d'ailleurs d'une manière
absolue que la prescription *court pendant les trois
mois pour faire inventaire, et les quarante jours pour
délibérer.*

CHAPITRE III.

DES EFFETS DU BÉNÉFICE D'INVENTAIRE DANS LES RAP-PORTS DES CRÉANCIERS ET DES LÉGATAIRES ENTRE EUX.

Le bénéfice d'inventaire limite aux biens de la succession le gage, désormais invariable et unique, des

[1] Demolombe, n° 201.
[2] Demolombe, n° 202.

créanciers et des légataires du défunt; en sorte que, si ces biens sont insuffisants pour les satisfaire tous intégralement, il est juste que chacun d'eux supporte sa part de ce désastre commun. En conséquence, la loi a voulu que les droits et actions de chacun fussent irrévocablement fixés au jour du décès du débiteur; elle n'a pas permis aux uns de se procurer des causes de préférence au préjudice des autres, afin d'empêcher que les délais inséparables des procédures pour la conversion des meubles et des immeubles en deniers, ne fussent une occasion de fraudes et de rivalités de toute sorte. Aussi l'art. 2146 du Code Napoléon déclare, que l'*inscription* prise par les créanciers, après l'*ouverture d'une succession acceptée bénéficiairement, ne produit aucun effet*[1].

Mais il faut se garder de prendre cet article dans un sens trop absolu, en déclarant inefficace à tous les égards, d'après le texte, toute inscription qui serait prise depuis l'ouverture de la succession. Cette nullité n'est que relative, elle n'existe qu'à l'égard des créanciers et des légataires, mais l'inscription produit d'ailleurs tous ses effets à l'égard des tiers. Elle est nulle, quant au droit de préférence attaché aux privilèges et hypothèques, mais elle est parfaitement valable, quant au droit de suite qu'ils produisent à l'égard des tiers détenteurs (C. Nap., art. 2166)[2]. De plus, cet art. 2146 du Code Napoléon ne peut s'appliquer qu'à l'inscription d'une hypothèque ou d'un privilège non encore inscrits, non au renouvellement des inscriptions efficaces antérieures. Nous croyons même que cette inefficacité des

[1] Demolombe, n° 349.
[2] Bilhard, n° 114, p. 391.

inscriptions prises depuis l'ouverture de la succession n'existe que pendant la durée du bénéfice d'inventaire, et que, si ce bénéfice vient à cesser par la renonciation ou par la déchéance de l'héritier, les inscriptions valablement prises produiront leur effet, tant à l'égard des créanciers et des légataires, qu'à l'égard des tiers, et cela à partir du jour où elles ont été prises, et non pas seulement à partir du jour de la renonciation ou de la déchéance (C. Nap., arg., art. 777)[1].

Cette inefficacité des inscriptions entre créanciers d'une même succession bénéficiaire, édictée par l'art. 2146 du Code Napoléon, est un point d'assimilation entre le bénéfice d'inventaire et la faillite; encore, dans le premier cas, le droit des créanciers, les uns à l'égard des autres, est-il beaucoup plus restreint que dans le cas de faillite, depuis que la loi du 28 mai 1838 a accordé aux créanciers de la faillite un certain délai, pendant lequel les droits d'hypothèque et de privilége valablement acquis peuvent être encore inscrits, c'est-à-dire *jusqu'au jour du jugement déclaratif de la faillite* (C. de com., art. 448).

Nous verrons plus loin, en parlant du mode de paiement des créanciers et des légataires, de quelle manière ils peuvent exercer leurs droits, et le moyen qui leur reste pour se garantir contre les effets de l'acceptation bénéficiaire, moyen imparfait et inefficace souvent, en présence du droit, presque exorbitant, accordé à l'héritier, de payer les créanciers et légataires à mesure qu'ils se présentent. Qu'est-ce, en effet, que ce droit d'opposition à la délivrance des deniers, si

---

[1] Billard, n° 110.

l'héritier peut faire des paiements dès le jour de l'acceptation de la succession, sans qu'aucune mise en demeure, aucun avertissement ait appelé les autres créanciers, avant même, peut-être, que ces derniers aient eu le temps d'apprendre le décès de leur débiteur; s'il peut se payer lui-même avant tous autres créanciers, ou avertir ceux qu'il veut favoriser, et les payer au préjudice des autres?

Aussi est-ce avec raison qu'on a critiqué cette partie de la législation sur le bénéfice d'inventaire, qui présente une imperfection évidente, à laquelle il serait facile de remédier, en exigeant de l'héritier, qu'avant de faire aucun paiement, il ait recours aux moyens de publicité ordinaires pour prévenir les intéressés, et en fixant, pour faire opposition à la délivrance des deniers, un certain délai, pendant lequel aucun paiement ne pourrait être valablement fait[1].

TROISIÈME PARTIE.

De l'administration de la succession bénéficiaire.

Puisque les biens de la succession, demeurant distincts des biens personnels de l'héritier, forment le gage spécial et désormais unique des créanciers du défunt et des légataires, la loi devait pourvoir aux intérêts de ces derniers, en assurant la conservation de ces biens et leur bonne administration pendant le temps nécessaire pour la liquidation de la succesion. Aussi, l'art. 803 du Code Napoléon dispose que *l'héritier bénéficiaire est chargé d'administrer les biens de la suc-*

---

[1] Demolombe, n° 386.

cession et doit rendre compte de son administration aux créanciers et aux légataires[1].

C'est bien l'héritier qui devait être chargé de cette administration, car il est héritier, et par conséquent propriétaire; il s'agit de son propre bien, l'héritier a donc le droit de le gouverner. La loi devait sans doute soumettre ce droit à certaines restrictions, comme condition du bénéfice d'inventaire, car au-dessus du droit de l'héritier il y a celui des créanciers, mais il eût été exorbitant d'enlever complétement l'administration à l'héritier et de soumettre le bénéfice d'inventaire à un régime exclusivement dans l'intérêt des créanciers et légataires[2].

Avant d'examiner l'étendue des pouvoirs qui appartiennent à l'héritier bénéficiaire en vertu de son droit d'administration, et les devoirs qu'il lui impose, il importe de déterminer d'abord quel est le caractère de cette administration. Nous allons voir, en d'autres termes, si l'héritier bénéficiaire doit être considéré comme administrateur de la succession, dans l'intérêt des créanciers dont il serait le représentant, ou si l'administration, dont il est chargé, n'est pas établie plutôt dans l'intérêt de la succession, son propre intérêt, de telle sorte que, vis-à-vis des créanciers de la succession et des légataires, il ne devrait pas être considéré comme mandataire, mais comme héritier et propriétaire à ce titre des biens de la succession[3].

L'intérêt de cette question est de savoir si les créanciers de la succession et les légataires peuvent exercer

[1] Aubry et Rau, p. 197.
[2] Demolombe, n° 226.
[3] Demolombe, n° 228.

des poursuites individuelles, et spécialement, s'ils peuvent former des saisies-arrêts sur les sommes dues à la succession, et s'ils peuvent faire saisir les meubles et immeubles qui en dépendent.

Nous croyons qu'il faut distinguer entre les actes d'*administration* et ceux de *liquidation*. Quant aux premiers, l'héritier bénéficiaire, tout en agissant dans son propre intérêt, est en même temps en quelque sorte le mandataire et représentant des créanciers et légataires; il s'ensuit que ceux-ci ne sauraient être autorisés à entraver, par des poursuites intempestivement pratiquées, les pouvoirs de l'héritier. Or, le recouvrement des sommes dues à l'hérédité est un acte d'administration, et les créanciers n'ont pas le droit d'y faire obstacle par des saisies-arrêts, tant que l'héritier, du moins, n'est pas en retard de faire ces recouvrements[1].

Il en est autrement des actes de liquidation; l'héritier n'étant pas tenu d'y procéder, ou de le faire sur tous les biens de la succession, les créanciers et légataires conservent le droit d'agir par eux-mêmes, et peuvent dès lors frapper de saisie les meubles et les immeubles de la succession. Cependant il ne faudrait même plus accorder ce droit de saisie mobilière et immobilière sur les biens dont l'héritier se serait mis en mesure de provoquer la vente par des diligences commencées à une époque antérieure à leurs poursuites, et non interrompues depuis lors[2]. En cas de négligence de la part de l'héritier dans les poursuites par lui entamées, les créanciers et légataires ne pourraient cependant pas demander à être subrogés aux droits de l'héritier, et à

[1] Aubry et Rau, p. 106.
[2] Aubry et Rau, p. 107; Demolombe, n° 219.

continuer d'après les derniers erremouts, la procédure par lui commencée. En effet, les créanciers du défunt ne sont pas les créanciers personnels de l'héritier, et dès lors ils ne peuvent pas exercer les droits de ce dernier en vertu de l'art. 1166 du Code Napoléon; d'ailleurs les art. 721 et 722 du Code de procédure, qui autorisent la subrogation des poursuites commencées par un saisissant au profit d'un second saisissant, ne sont pas rappelés dans l'art. 988 du Code de procédure, qui précisément renvoie, en ce qui concerne la vente des immeubles de la succession bénéficiaire, à plusieurs autres articles du titre de la saisie immobilière. On peut conclure de là que, dans le cas qui nous occupe, les créanciers du défunt et les légataires rentrent purement et simplement dans le libre exercice de leur droit de poursuite individuelle [1].

Nous avons à voir maintenant en quoi consiste l'administration de l'héritier bénéficiaire; cet examen se rapporte principalement aux quatre points suivants : 1° Aux différents actes d'administration non spécialement prévus qui peuvent être faits dans l'intérêt du patrimoine héréditaire; 2° à la vente des meubles ou immeubles dépendant de l'hérédité; 3° à la manière dont les créanciers et les légataires peuvent être payés, et 4° à la reddition du compte par l'héritier bénéficiaire. Nous verrons ensuite 5° les garanties que la loi accorde contre l'administration de l'héritier bénéficiaire aux créanciers et aux légataires, et 6° le droit de l'héritier bénéficiaire de se décharger du paiement des dettes et de l'administration de la succession, en général, au moyen de l'abandon des biens.

[1] Aubry et Rau, p. 207.

CHAPITRE PREMIER.

DES DIFFÉRENTS ACTES D'ADMINISTRATION NON SPÉCIALEMENT PRÉVUS PAR LA LOI.

La loi ne détermine pas l'étendue du droit d'administration de l'héritier bénéficiaire, et son silence a fait naître beaucoup d'incertitude sur les pouvoirs qui lui compètent. Ce droit d'administration doit être entendu dans un sens assez large, et il ne faudrait pas l'assimiler à ce pouvoir d'administration purement provisoire et intérimaire dont l'habile à succéder, qui n'a pas encore pris qualité, est chargé pendant les délais pour faire inventaire et délibérer. On pourrait l'assimiler plutôt à l'administration du tuteur, à celle du curateur à la succession vacante, de l'envoyé en possession provisoire des biens d'un absent, ou encore à cette administration libre et entière que la loi reconnaît à la femme mariée sous le régime de la séparation de biens, ou au mari sous le régime dotal, relativement aux biens dotaux [1].

Il n'existe aucun doute sur le droit de l'héritier bénéficiaire de faire les actes qui, en général, sont considérés comme des actes d'administration dans le sens large du mot, tels que les réparations petites ou grosses, l'interruption de prescription, l'inscription ou le renouvellement des priviléges et hypothèques, la passation des titres nouvels et des baux, en se conformant toutefois, quant à la durée et à l'époque des renouvellements de ces baux, à ce que la loi prescrit pour ces sortes

[1] Demolombe, n° 251.

d'actes, aux tuteurs, aux maris et aux usufruitiers (C. Nap., art. 1718, 1429, 1430 et 595)[1].

Il peut encore toucher et recevoir les revenus, arrérages et intérêts, les capitaux et remboursements de rentes, mais il ne saurait être tenu de faire emploi, dans un délai quelconque, des sommes par lui touchées pour le compte de la succession; cette obligation, qui est imposée par les art. 455 et 456 du Code Napoléon au tuteur, ne saurait être équitablement étendue à l'héritier bénéficiaire, et dès lors on ne pourrait exiger de lui qu'il tienne compte des intérêts des sommes qu'il n'aurait point placées, à moins qu'il ne les eût employées à son usage personnel[2]. Mais s'il ne peut être tenu de faire cet emploi, on ne saurait lui contester le droit de le faire comme un acte de bonne administration et sous sa responsabilité personnelle.

C'est surtout en ce qui concerne les autres actes, ceux qui ont un véritable caractère de disposition, que les difficultés s'élèvent, non pas au point de vue de la validité même de ces actes, qui est incontestable, car l'héritier est propriétaire et libre de disposer des biens de la succession, mais au point de vue de la conséquence de ces actes et de leur influence sur l'existence du bénéfice d'inventaire. Toute la question se réduit donc à demander si l'héritier bénéficiaire peut faire ces actes sans renoncer à son bénéfice.

Nous verrons que la loi a déterminé pour la vente des immeubles, pour celle du mobilier corporel et des rentes sur particuliers, certaines conditions et forma-

---

[1] Demolombe, n° 253.
[2] Aubry et Rau, p. 198; Demolombe, n° 257.

lités essentielles pour l'héritier qui ne veut pas compromettre sa qualité. Mais que décider à l'égard des
actes pour lesquels le législateur n'a établi aucune condition? Ainsi, l'héritier peut-il plaider au nom de la
succession tant en demandant qu'en défendant, et peut-
il vendre des meubles autres que ceux auxquels s'appliquent les art. 805 du Code Napoléon et 989 du Code
de procédure? Peut-il accepter ou répudier une succession, procéder à un partage, au nom de la succession bénéficiaire? Peut-il hypothéquer un immeuble
héréditaire? Ce sont là autant de questions controver-
sées qu'il est presque impossible de résoudre à la satis-
faction de tous les intérêts en présence du silence de
la loi. D'un côté, on ne peut refuser d'une manière
absolue à l'héritier le droit de faire ces actes, car ce
serait entraver, bien inutilement souvent, la marche
de la liquidation par des procédures et des demandes
d'autorisation sans nombre; et, d'un autre côté, on ne
peut lui accorder ce droit, en règle générale, sans ris-
quer de compromettre souvent les intérêts des créanciers et les faire dépendre uniquement du bon vouloir
de l'héritier.

Il faut faire une distinction : il y a parmi ces actes
des actes qu'on peut appeler *nécessaires*, et qu'il faut
absolument que l'héritier puisse faire au nom de la
succession qu'ils concernent, tels que l'acceptation ou
la répudiation d'une succession échue au *de cujus*, ou
le partage des biens indivis entre la succession et des
tiers. Il y en a d'autres qui sont purement *volontaires*,
tels que la transaction ou l'hypothèque, mais qui
peuvent présenter pour la succession un avantage évident dont on pourrait en quelque sorte considérer

l'omission comme un acte de mauvaise administration de la part de l'héritier.

Quant aux actes nécessaires, il ne semble pas qu'on puisse contester à l'héritier le droit de les faire, sauf le recours accordé contre lui aux créanciers et légataires, dont les intérêts auraient été lésés par sa faute (C. Nap., art. 804) [1].

En ce qui concerne les actes volontaires, on a imaginé divers systèmes pour essayer de concilier l'intérêt de la succession avec le silence de la loi, au moyen d'une autorisation en justice ou du consentement des créanciers. Le premier moyen présente un grave inconvénient, un véritable empêchement d'exécution pratique, par le refus fait plusieurs fois par les tribunaux d'accepter la mission de donner cette autorisation, comme en dehors de leurs pouvoirs [2]. Le second est souvent impossible par le grand nombre de créanciers et de légataires, leur éloignement, absence ou incapacité. Cependant en cas de refus par la justice d'accorder l'autorisation à l'héritier pour faire l'un ou l'autre de ces actes, c'est le consentement des créanciers seul qui puisse garantir complétement l'héritier des suites d'un acte fait en dehors de ses droits d'administration [3], car ce consentement prive les créanciers de tout recours contre l'héritier pour un fait pour lequel ils l'ont formellement autorisé, ou au moins dont l'utilité, dans l'intérêt général, a été reconnue par le plus grand nombre d'entre eux.

[1] Demolombe, n° 263.
[2] Demolombe, n° 265.
[3] Aubry et Rau, p. 164, 199; Demolombe, n° 264.

CHAPITRE II.

DE LA VENTE DES MEUBLES ET IMMEUBLES DE LA SUCCESSION.

La loi n'impose pas à l'héritier l'obligation de vendre les meubles ou les immeubles de la succession ; loin qu'aucun texte l'y oblige, tous nos articles supposent au contraire, qu'il peut les conserver en nature, sauf à répondre non-seulement de la *dépréciation*, mais encore de la *détérioration* des meubles qu'il aurait été opportun de vendre ou qu'il aurait eu tort de garder en nature (C. Nap., art. 805)[1].

Mais la nécessité de payer les créanciers du défunt et les légataires, et l'insuffisance des autres valeurs héréditaires, telles que : argent comptant, créances et autres, forcera le plus souvent l'héritier à cette aliénation ; il importait dès lors dans l'intérêt des tiers, de la soumettre à des formalités qui pussent empêcher les abus et les fraudes. Ainsi l'héritier, s'il trouve, indépendamment des meubles et immeubles, des valeurs suffisantes dans la succession pour désintéresser les créanciers et les légataires, peut conserver ces biens en nature, mais il n'en pourrait offrir aux créanciers la valeur estimative afin de pouvoir les conserver, pas plus qu'il ne pourrait être contraint à les garder moyennant cette estimation[2]. Ce que nous venons de dire, du reste, ne peut avoir de valeur, en pratique, que lorsque la succession est insuffisante, qu'elle laisse plus de dettes que d'actif, puisque dans le cas contraire

[1] Demolombe, n° 271.
[2] Demolombe, n° 273.

rien n'empêche l'héritier de payer les créanciers et légataires de ses deniers personnels; l'art. 1251 du Code
Napoléon lui accorde, dans ce cas, la subrogation légale dans les droits de ceux qu'il a désintéressés, de
sorte que l'héritier reste de plein droit propriétaire de
tous les biens de la succession.

On ne saurait refuser à l'héritier bénéficiaire, dans
le cas de vente des biens de la succession, le droit de
s'en rendre adjudicataire lui-même, quoique la vente
se poursuive à sa requête. On objecte, il est vrai, qu'accorder ce droit à l'héritier, c'est lui permettre d'être à
la fois vendeur et acquéreur; mais il y a en lui deux
qualités, deux personnes distinctes, il est vendeur au
nom de la succession, il peut être acquéreur en sa
qualité de tiers, ayant, à ce titre, son individualité
distincte, et son patrimoine personnel distinct de celui
de l'hérédité. L'art. 1596 du Code Napoléon, qui défend aux mandataires de se rendre acquéreurs des biens
qu'ils sont chargés de vendre, et qu'on veut invoquer
en faveur de cette objection, n'est pas applicable ici;
nous avons vu que l'héritier ne peut pas être considéré
comme mandataire des créanciers, surtout quant aux
actes de liquidation; qu'il administre, en son propre
nom et comme propriétaire, les biens de la succesion;
que le reliquat doit lui appartenir, et qu'il a, par conséquent, un intérêt bien légitime à ce que la vente se
fasse sous de bonnes conditions.

Enfin quelques auteurs ont voulu contester à l'héritier bénéficiaire le droit de se rendre adjudicataire
d'immeubles de la succession, dans le cas seulement où
la vente est poursuivie par un créancier; ils lui appliquent l'art. 711 du Code de procédure qui défend

aux avoués d'enchérir pour le compte du saisi. Cette opinion est tout aussi facile à réfuter que l'objection ci-dessus ; l'art. 711 du Code de procédure ne parle que du saisi, or, lors même que la vente est poursuivie par voie de saisie, on ne peut pas considérer l'héritier bénéficiaire comme le saisi, car il n'est pas tenu personnellement des dettes. D'ailleurs, la défense faite au saisi de se rendre adjudicataire des biens saisis sur lui, a pour cause la présomption de son insolvabilité, et cette présomption n'existe pas pour l'héritier bénéficiaire personnellement, que rien n'autorise à considérer comme incapable de remplir ses engagements [1].

Les formes de la vente, soit des meubles, soit des immeubles, ont été déterminées par le Code Napoléon, complété par le Code de procédure civile.

SECTION PREMIÈRE.

De la vente des meubles.

L'héritier bénéficiaire ne peut vendre les meubles de la succession que par le ministère d'un officier public, aux enchères publiques, et après les affiches et publications accoutumées (C. Nap., art. 805). Et l'art. 989 du Code de procédure dit : *S'il y a lieu à faire procéder à la vente du mobilier et des rentes dépendant de la succession, la vente sera faite suivant les formes prescrites pour la vente de ces sortes de biens.* Ces formes sont déterminées par les art. 617 et suivant du Code de procédure.

Quels sont les meubles auxquels s'appliquent ces articles ? Ce sont tous ceux dont le législateur a réglé lui-même le mode de vente sur saisie, c'est-à-dire tous les

---

[1] Demolombe, n° 191 ; Dalloz, n° 874 ; Bilhard, n° 81.

meubles corporels sans distinction, et non pas seulement les objets qualifiés de meubles par l'art. 533 du
Code Napoléon, à l'exclusion des pierreries, livres, mé-
dailles, et autres énumérés par cet article[1]. Ce sont de
plus, parmi les meubles incorporels, les rentes sur particuliers. Quant aux créances et autres meubles incorporels, la cession peut en avoir lieu de gré à gré et
sans l'observation d'aucune formalité, sauf ce que
nous allons dire pour les rentes sur l'État et les actions
de la Banque de France.

En effet, la disposition de l'art. 989 du Code de procédure, qui impose à l'héritier l'obligation de ne procéder à la vente du mobilier et des rentes sur particuliers dépendant de la succession, que suivant les
formes prescrites pour la vente de ces sortes de biens,
ne peut être étendue à la cession des créances ordinaires, ni au transfert des meubles incorporels autres
que les rentes, puisque la loi ne trace aucune forme
spéciale pour la cession et le transfert de ces meubles
incorporels.

Il en est de même pour la vente des fruits, et plus
généralement des denrées qui se vendent au marché,
et dont la vente ne constitue qu'un simple acte d'administration.

Mais aucune autorisation en justice n'est exigée, en
général, pour la vente de ces meubles; l'autorisation
est bien exigée par les art. 796 du Code Napoléon et
986 du Code de procédure pour la vente des meubles
par le successible qui n'a pas encore pris qualité,
mais les art. 805 du Code Napoléon et 989 du Code

---

[1] Aubry et Rau, p. 198; Demolombe, n° 275.
[1] Aubry et Rau, p. 199; Demolombe, n° 279.

do procédure ne reproduisent pas cette obligation, ce qui s'explique par la différence de position entre le successible qui n'a pas encore pris qualité; et l'héritier bénéficiaire[1]. Il y a une exception, toutefois, pour les rentes sur l'État; un avis du Conseil d'État du 11 janvier 1808 a déclaré applicable à l'héritier bénéficiaire la loi du 24 mars 1806, d'après laquelle le tuteur et le mineur émancipé ne peuvent transférer, sans autorisation de justice, les rentes sur l'État au-dessus de 50 fr. Nous croyons qu'il y a lieu de déclarer aussi applicable, par analogie, à l'héritier bénéficiaire le décret du 24 septembre 1813, qui ne dispense les tuteurs d'autorisation, pour le transfert des actions de la Banque de France, qu'autant qu'il s'agit d'une action unique, ou d'un droit dans plusieurs actions, n'excédant pas, en totalité, la valeur d'une action entière[2].

SECTION II.

De la vente des immeubles.

L'héritier bénéficiaire ne peut vendre les immeubles que dans les formes prescrites par les lois sur la procédure (C. Nap., art. 806). Et voici comment s'exprime l'art. 987 du Code de procédure : *S'il y a lieu à vendre des immeubles dépendant de la succession, l'héritier bénéficiaire présentera au président du tribunal de première instance du lieu de l'ouverture de la succession, une requête dans laquelle ces immeubles seront désignés sommairement. Cette requête sera communiquée au ministère public; sur ses conclusions et le rapport du juge*

[1] Aubry et Rau, p. 199; Demolombe, n° 81
[2] Demolombe, n° 279.

nommé à cet effet, il sera rendu un jugement qui auto-
risera la vente et fixera la mise à prix, ou qui ordon-
nera préalablement que les immeubles seront vus et
estimés par un expert nommé d'office. Dans ce dernier
cas, le rapport sera entériné sur requête par le tribunal,
et sur les conclusions du ministère public, le tribunal
ordonnera la vente.

Art. 988. *Il sera procédé à la vente dans chacun des*
cas ci-dessus prévus, suivant les formalités prescrites au
titre de la vente des biens immeubles appartenant à des
mineurs.

Pour les formalités de la vente, nous n'avons qu'à
nous référer aux art. 953 et suiv. du Code de procédure.

Bien que l'héritier ait, en général, le droit de toucher toutes les sommes appartenant à l'hérédité, il ne
peut néanmoins pas recevoir le prix des immeubles
grevés de priviléges et d'hypothèques (C. Nap., art. 806),
et l'adjudicataire qui verserait son prix entre les mains
de l'héritier bénéficiaire, au préjudice des créanciers
qui avaient sur les immeubles des priviléges ou des
hypothèques valablement conservés, ne serait pas dé-
chargé vis-à-vis d'eux (C. Nap., art. 806, 807, 2166;
C. de proc., art. 991).

Nous avons vu qu'aucune autorisation de justice
n'est nécessaire pour la vente des meubles dépendant
de la succession bénéficiaire; cette autorisation est au
contraire indispensable, d'après l'art. 987 du Code de
procédure, pour la vente des immeubles. La raison
qu'on donne de cette différence, c'est que le législateur

---

[1] Aubry et Rau, p. 199; Demolombe, n° 286.

a considéré que les immeubles sont généralement d'une valeur plus grande que les meubles, et que, par suite, la vente des premiers doit être l'objet de plus de garanties; mais il est évident que ce motif, déjà insuffisant à l'époque de la promulgation du Code Napoléon, est devenu presque nul, par l'extraordinaire accroissement de la richesse mobilière[1].

Les formalités prescrites pour la vente des immeubles de la succession bénéficiaire ne sont, du reste, imposées à l'héritier que comme une condition du bénéfice d'inventaire, comme une garantie pour les créanciers et légataires, mais ne concernent en rien la validité de ces ventes à l'égard des tiers. Il ne faut pas s'arrêter à la formule employée par l'art. 806 du Code Napoléon : *il ne peut vendre.* L'art. 988 du Code de procédure explique clairement le sens de cette défense. C'est aussi là ce qu'a formellement déclaré l'orateur du gouvernement, en présentant cette partie du Code de procédure: la vente faite sans autorisation et sans formalités par l'héritier bénéficiaire est valable, et l'on a trouvé une garantie suffisante pour les créanciers dans la déchéance du bénéfice d'inventaire[2].

CHAPITRE III.

DU MODE DE PAIEMENT DES CRÉANCIERS ET LÉGATAIRES.

Après la réalisation des valeurs héréditaires, et comme complément de l'administration de la succession bénéficiaire, l'héritier doit employer ces valeurs au paiement des créanciers et des légataires, en ayant

[1] Demolombe, n° 283.
[2] Voy. Demolombe, n° 173, p. 203.

égard aux justes causes de préférence qui peuvent exister entre les ayant droit. Car si la loi a défendu aux créanciers et aux légataires de se procurer des causes de préférence depuis l'ouverture de la succession, elle n'a pas pu anéantir celles antérieures à cette époque, et annuler l'effet des inscriptions hypothécaires prises encore du vivant du *de cujus*, sur tout ou partie de ses immeubles. Il faut donc distinguer pour le mode de paiement des créanciers et des légataires entre le cas où il s'agit du prix des immeubles affectés de priviléges et d'hypothèques, et celui où il s'agit de deniers trouvés dans la succession, ou provenant de la vente des meubles, de remboursements faits par les débiteurs de la succession, ou de la vente des immeubles non hypothéqués, ou même des immeubles hypothéqués, quant à la portion du prix non absorbée par les créanciers ayant privilége ou hypothèque.

SECTION PREMIÈRE.
Du prix des immeubles affectés de priviléges ou d'hypothèques.

L'héritier bénéficiaire *est tenu de déléguer*, d'après le rang des priviléges et hypothèques, *le prix* de la vente des immeubles *aux créanciers hypothécaires qui se sont fait connaître* (C. Nap., art. 806).

Cette délégation ne donnera lieu à aucune difficulté, lorsque le prix des immeubles est égal ou supérieur au montant des créances hypothécaires, ou, en cas d'insuffisance du prix, lorsque les créanciers s'accordent sur la distribution amiable des deniers, et que ceux non colloqués, ou colloqués pour partie seulement de leurs prétentions, consentent à donner mainlevée de leurs

Inscriptions. Mais, si les créanciers ne peuvent ou ne veulent s'entendre sur un règlement amiable, si ceux non colloqués refusent cette main levée, ou si des créanciers chirographaires forment opposition au paiement des créanciers hypothécaires, il y a lieu à un *ordre* judiciaire pour la répartition des deniers, suivant l'art. 991 du Code de procédure[1]. C'est ainsi que ces deux dispositions des art. 808 du Code Napoléon et 991 du Code de procédure paraissent devoir se concilier, sans qu'on ait besoin de considérer le premier comme abrogé par le Code de procédure qui, d'après l'opinion même émise par le tribunat, n'exige la procédure d'ordre que lorsque les délégations ordonnées par le Code Napoléon sont irrégulières, ou qu'un créancier s'oppose à leur exécution, et qui n'a d'autre but que d'empêcher les délégations qui peuvent être faites, d'intervertir l'ordre des priviléges et des hypothèques[2].

Si la distribution du prix des immeubles n'avait pas été faite régulièrement, c'est-à-dire d'après le rang et l'ordre de préférence des créanciers privilégiés et hypothécaires, ceux des créanciers dont les droits auraient été méconnus, conserveraient ces mêmes droits sur l'immeuble à l'encontre de tout tiers détenteur (C. Nap., art. 2166); l'héritier bénéficiaire pourrait même être déclaré responsable envers eux, comme le portait l'art. 808 du Code Napoléon en disant dans sa rédaction primitive que c'est *sous sa responsabilité personnelle que l'héritier est tenu de faire ces délégations*[3], disposition qui ne paraît avoir été supprimée, que parce qu'elle a semblé

[1] Aubry et Rau, p. 200.
[2] Voy. Demolombe, n° 290.
[3] Voy. Demolombe, n° 292.

inutile, la règle générale sur la responsabilité suffisant
à cet égard[1].

SECTION II.

*Des deniers comptant et valeurs autres que celles com-
prises dans la première section.*

Quoique la position des créanciers chirographaires
soit absolument identique, et qu'ils aient tous les mêmes
droits, sans qu'il puisse y avoir entre eux aucune cause
de préférence, il aurait été injuste de les faire attendre
pour obtenir le paiement de ce qui leur est dû, jusqu'à
ce que tous se soient présentés ; c'est à eux à veiller sur
leurs intérêts et à faire les diligences nécessaires pour
être payés, tant pis pour ceux qui viennent trop tard.
Nous n'avons pas à parler ici des priviléges sur les
meubles dont traitent les art. 2094, 2096 et 2097 du
Code Napoléon, puisque ces priviléges ne sont efficaces
pour les créanciers auxquels ils compètent, qu'à la condition que ces créanciers se présentent à temps, et que,
sous ce rapport, il n'y a aucune différence entre les
créanciers privilégiés et ceux qui ne le sont pas.

La manière dont les créanciers et légataires doivent
être payés sur les deniers trouvés dans la succession,
sur ceux provenant des remboursements faits par les
débiteurs et de la vente des meubles, enfin sur le prix
des immeubles non distribué aux créanciers hypothécaires, est déterminée en ces termes par l'art. 808 du
Code Napoléon : *S'il y a des créanciers opposants, l'héritier bénéficiaire ne peut payer que dans l'ordre et de
la manière réglés par le juge ; s'il n'y a pas de créan-*

---

[1] Demolombe, n° 292.

ciers opposants, il paie les créanciers et les légataires à mesure qu'ils se présentent.

Il y a donc deux hypothèses distinctes à observer, celle où il y a des créanciers opposants et celle où il n'y en a pas.

§ 1er. *Du cas où il y a des créanciers opposants.*

S'il y a des créanciers opposants, et que ceux-ci ne peuvent ou ne veulent s'entendre sur la distribution à l'amiable des deniers héréditaires qui leur reviennent[1], cette distribution devra être faite dans l'ordre et de la manière réglés par le juge, c'est-à-dire suivant les formalités de la *distribution par contribution* (C. de proc., art. 990 et 656 et suiv.).

Les créanciers du défunt seront toujours payés de préférence aux légataires qui n'ont droit à aucune somme, avant le paiement intégral des premiers, en vertu de la règle *nemo liberalis est nisi liberatus*, et s'il y a entre les créanciers mêmes des causes de préférence au profit de quelques-uns d'entre eux, ceux-ci doivent être satisfaits avant les autres, dans l'ordre et le rang des différents priviléges[2].

On entend par *créanciers opposants*, ceux qui, par acte judiciaire ou extra-judiciaire, ont signifié à l'héritier bénéficiaire leurs droits contre la succession, en lui interdisant tout paiement qui serait fait à leur préjudice; les oppositions doivent d'ailleurs être faites par chacun des créanciers pour son compte personnel, et celles faites par un ou plusieurs des créanciers ne profitent pas aux autres. La condition de ces derniers est, par

[1] Aubry et Rau, p. 201; Demolombe, no 294.
[2] Aubry et Rau, p. 201; Demolombe, no 295.

conséquent, la même que si, aucune opposition n'ayant eu lieu, on se trouvait dans la seconde hypothèse[1]; c'est donc entre les créanciers opposants seulement que la distribution par contribution doit avoir lieu.

Quoique l'art. 808 du Code Napoléon ne parle que des créanciers, les légataires ont également le droit de faire opposition à la délivrance des deniers; ces oppositions ne peuvent, il est vrai, faire obstacle au paiement des créanciers, mais elles rendent la distribution par contribution nécessaire entre les légataires eux-mêmes[2].

L'héritier bénéficiaire qui, nonobstant une ou plusieurs oppositions, se permettrait de faire des paiements arbitraires, serait tenu envers les opposants à la réparation du préjudice qu'il leur aurait causé. Ces derniers jouiraient en outre, contre les personnes au profit desquelles ces paiements auraient eu lieu, d'un recours en vertu duquel ils pourraient les contraindre à la restitution de tout ce qu'elles auraient reçu au delà de ce qui leur serait revenu dans une distribution régulièrement faite. C'est ce qui résulte d'un argument *a contrario* tiré de l'art. 809, 1°, du Code Napoléon, qui en n'accordant de *recours* aux *créanciers non opposants que contre les légataires*, donne implicitement aux créanciers opposants un recours contre tous ceux, créanciers et légataires, payés à leur détriment[3].

Ces différents recours, tant contre l'héritier que contre les créanciers et légataires indûment payés, appartiennent aux créanciers et légataires opposants,

[1] Aubry et Rau, p. 202; Demolombe, n° 296.

[2] Demolombe, n° 297.

[3] Aubry et Rau, p. 201; Demolombe, n° 301.

concurremment et en même temps, en sorte qu'ils peuvent agir contre l'héritier, sans être tenus de prouver l'insolvabilité des créanciers et légataires, et contre ces derniers, sans prouver l'insolvabilité de l'héritier [1].

Outre ces recours accordés par l'art. 809 du Code Napoléon, les créanciers et légataires opposants peuvent encore agir contre ceux payés à leur préjudice, tant en vertu de l'art. 1166 du Code Napoléon, du chef de l'héritier bénéficiaire et du chef de la succession elle-même, qu'en vertu de l'art. 1167 du Code Napoléon, de leur propre chef au moyen de l'action paulienne, lorsque, bien entendu, ils se trouvent dans les conditions requises à cet effet [2].

§ 2. *Du cas où il n'y a pas de créanciers opposants.*

Lorsqu'il n'y a pas d'opposition, l'héritier bénéficiaire peut et doit payer les créanciers *à mesure qu'ils se présentent* (C. Nap., art. 808, n° 2), sans distinction entre les créanciers privilégiés et ceux qui ne le sont pas, entre les créanciers et les légataires, et l'héritier bénéficiaire, s'il est lui-même créancier ou légataire, pourra se payer de préférence à tous autres, pourvu toutefois que les créances et les legs soient échus et exigibles [3]. C'est la reproduction de la constitution de Justinien, qui portait : *Et eis satisfaciant qui primi veniunt creditores* [4].

Quel est le droit des créanciers non opposants qui se présentent après que des légataires ou des créanciers

[1] Demolombe, n° 306.
[2] Demolombe, n° 304.
[3] Aubry et Rau, p. 202; Demolombe, n°s 309 et 310; Bilhard, n° 71.
[4] C. 22, § 4, C., *De jur. delib.*, VI, 30.

ont été payés antérieurement? Ils n'ont pas de recours en vertu de l'art. 1166 du Code Napoléon du chef de l'héritier, ni du chef de la succession, puisque les paiements ont été faits régulièrement et que ni l'héritier ni la succession ne peuvent critiquer ces paiements. Si le compte n'a pas encore été apuré, ils doivent être payés sur le reliquat qui peut encore rester disponible entre les mains de l'héritier. Mais si le reliquat avait été payé, ou s'il était insuffisant pour payer intégralement ces créanciers, il faut se demander quel recours ils peuvent exercer. Ils n'en peuvent avoir contre l'héritier, car les paiements qu'il a faits il les a faits aux termes de l'art. 808 du Code Napoléon; ils sont donc réguliers et l'héritier n'a agi que conformément à ses droits et à ses devoirs[1]. L'art. 809 du Code Napoléon accorde aux créanciers un recours contre les légataires; *les créanciers, dit-il, qui ne se présentent qu'après l'apurement du compte et le paiement du reliquat, n'ont de recours à exercer que contre les légataires.* Et cette disposition est conforme à l'équité et à la règle: *Nemo liberalis nisi liberatus.*

On a voulu argumenter *a contrario* de cet art. 809 du Code Napoléon, pour accorder aux créanciers qui se présentent avant l'apurement du compte et le paiement du reliquat, un recours contre les créanciers payés, et on a dit: L'art. 809 n'accorde de recours aux créanciers qui se présentent après l'apurement du compte que contre les légataires; il en résulte que ceux qui se présentent avant cette époque, peuvent recourir même contre les créanciers[2]. Mais cet argument n'est

[1] Aubry et Rau, p. 202; Demolombe, n° 316.
[2] Marcadé, sur l'art. 809, p. 185.

pas fondé ; cette inciso : *Qui ne se présentent qu'après l'apurement du compte,* etc. se rapporte uniquement au droit qui appartient aux créanciers non opposants de se faire payer sur le reliquat encore disponible entre les mains de l'héritier ; voilà toute la différence que la loi établit entre ceux qui se présentent avant et ceux qui se présentent après le paiement du reliquat. Si la loi avait voulu accorder un recours contre les créanciers, il serait impossible d'expliquer pourquoi elle le refuserait aux uns en le donnant aux autres, puisque la circonstance que le compte est apuré et le reliquat payé, est absolument indifférente aux créanciers et ne peut influer en rien sur la régularité des paiements qui leur ont été faits[1].

L'opinion contraire à celle que nous avons adoptée avait été proposée, il est vrai, par le Conseil d'État, par une modification à l'art. 117 du projet du gouvernement, qui était conforme à notre art. 809 ; on avait proposé un second alinéa, ainsi conçu : *Ceux qui se présentent avant l'apurement, peuvent aussi exercer un recours subsidiaire contre les créanciers payés à leur préjudice.* Mais cette décision ne s'est pas retrouvée dans la rédaction définitive de notre article, sans qu'on puisse indiquer précisément les motifs de ce nouveau retranchement, probablement parce que les rédacteurs auront trouvé cette disposition contraire aux principes et à l'équité ; le plus sûr est donc de s'attacher au texte actuel[2].

Quant aux légataires qui se présentent après le délai fixé par l'art. 800 du Code Napoléon, ils n'ont aucun

---

[1] Aubry et Rau, p. 201 ; Demolombe, n° 313 ; Billard, n° 96.
[2] Aubry et Rau, p. 201 ; Demolombe, n° 313.

recours contre les légataires qui, s'étant présentés à temps, ont été payés par l'héritier, puisque leur position est identique à celle des créanciers entre eux. Ceux qui se présentent avant, ne peuvent avoir aucun autre droit que celui de se faire payer sur le reliquat disponible[1].

Sans doute, cette exclusion des créanciers et des légataires qui ne se présentent pas à temps, par ceux plus diligents ou plus favorisés, est souvent injuste, si le retard ne provient pas de leur faute, et il est à regretter que le législateur n'ait pas cru devoir imaginer un moyen pour les garantir contre ce préjudice; mais le plus souvent, cependant, la préférence que la loi accorde aux uns, se justifie par la règle : *Jura vigilantibus succurrunt, dormientibus deficiunt.*

Pour abréger la durée des recours accordés par l'art. 800 du Code Napoléon, tant aux créanciers et légataires opposants contre ceux payés nonobstant leur opposition, qu'aux créanciers non opposants contre les légataires, et assurer ainsi la stabilité des paiements faits par l'héritier, l'art. 800 du Code Napoléon dispose que, *dans l'un et l'autre cas, le recours se prescrit par le laps de trois ans, à compter du jour de l'apurement du compte et du paiement du reliquat*[2].

La loi n'a pas déterminé de quelle manière et dans quelle mesure seraient exercés ces recours; il semble que la solution la plus juridique et la plus équitable serait de soumettre à une réduction proportionnelle chacun de ceux qui auraient reçu des paiements antérieurs, sans tenir compte d'ailleurs de la date plus ou

[1] Aubry et Rau, p. 202; Demolombe, n° 328.
[2] Aubry et Rau, p. 203.

moins ancienne de ces paiements, en sorte que chacun conserve ce qu'il aurait reçu dans une distribution régulièrement faite [1].

CHAPITRE III.

DE L'OBLIGATION DE L'HÉRITIER BÉNÉFICIAIRE DE RENDRE COMPTE DE SON ADMINISTRATION.

L'héritier bénéficiaire doit rendre compte de son administration aux créanciers et aux légataires (C. Nap., art. 803).

Toute partie intéressée, créancier ou légataire, peut demander à l'héritier bénéficiaire le compte de son administration, pour qu'il justifie que réellement l'actif est épuisé. Ce compte peut être rendu à l'amiable, si tous les créanciers et légataires, majeurs et maîtres de leurs droits, y consentent; autrement il doit être rendu suivant les formes prescrites par les art. 527 et suiv. du Code de procédure [1].

La loi ne fixe pas de délai pour la reddition du compte; l'héritier doit le rendre à première réquisition; pourvu que la liquidation soit assez avancée pour que la reddition de compte soit possible.

Le compte se compose de deux chapitres, l'un des recettes, l'autre des dépenses.

Le chapitre des recettes doit comprendre tout ce que l'héritier a trouvé dans la succession, tout ce qu'il a perçu pour elle, le mobilier porté dans l'inventaire, les créances, les rentes perpétuelles tant pour les arrérages que pour le capital, le montant des recouvrements

[1] Demolombe, n° 329.
[1] Demolombe, n° 337.

opérés, le prix de la vente des biens, les fruits, intérêts et arrérages perçus par l'héritier, en un mot tout ce qui forme le gage des créanciers du défunt et des légataires[1].

Mais l'héritier n'est pas tenu de comprendre dans le compte les biens qu'il a reçus entrevifs du défunt et dont il doit le rapport à ses cohéritiers, ni ceux dont le rapport lui est dû, ni le montant des dommages-intérêts provenant des réparations civiles obtenues contre le meurtrier du défunt; ni les biens provenant de l'action en réduction contre les donataires.

Le chapitre des dépenses se compose de tout ce que l'héritier a légitimement déboursé pour le compte de la succession, les frais funéraires, frais de scellés, d'inventaire et de compte, les frais d'administration et en général tous les frais faits dans l'intérêt de la succession, les paiements régulièrement faits aux créanciers et légataires et ceux que l'héritier se serait faits à lui-même en ces qualités[2]. Il comprend en outre les droits de mutation par décès pour l'acquittement desquels il est tenu directement et personnellement à l'égard de l'enregistrement, mais pour lesquels, s'il les a acquittés de ses propres biens, il est subrogé à la régie contre la succession[3], et qu'il peut même recouvrer, comme les frais d'administration, par privilège sur tous les biens de la succession.

Mais l'héritier ne peut porter en dépense aucune somme à titre de salaire ou d'indemnité de son administration, car cette administration est essentiellement

---

[1] Demolombe, n° 338.
[2] Aubry et Rau, p. 205; Demolombe, n° 339.
[3] Aubry et Rau, p. 205; Demolombe, n° 346.

gratuite, quelles que soient les peines et pertes de temps qu'elle a pu lui occasionner[1].

L'héritier qui a rendu son compte doit de plein droit l'intérêt des sommes dont il est constitué reliquataire, mais à compter du jour de sa mise en demeure de se libérer seulement (C. Nap., arg. art. 1996)[2].

Faute par l'héritier bénéficiaire de rendre le compte qui lui est prescrit, les créanciers qui l'ont mis en demeure peuvent le poursuivre comme s'il était héritier pur et simple, pour le paiement de toutes les dettes, même au delà des forces héréditaires; mais la position de l'héritier n'est changée en rien à l'égard de ceux des créanciers qui ne l'ont pas mis en demeure : il peut toujours rendre son compte à l'égard de ces derniers, et se soustraire ainsi à de nouvelles poursuites sur ses biens personnels (C. Nap., art. 803)[3].

CHAPITRE V.

DES GARANTIES ACCORDÉES AUX CRÉANCIERS ET LÉGATAIRES AU SUJET DE L'ADMINISTRATION DE L'HÉRITIER.

L'héritier bénéficiaire est un administrateur que le hasard en quelque sorte donne aux créanciers et aux légataires, qui ne l'ont pas choisi et qui ne peuvent le refuser; la loi devait donc leur donner des garanties efficaces au sujet de cette administration; mais l'héritier est en même temps un administrateur gratuit, et de plus, il offre une garantie particulière, celle de l'intérêt personnel qu'il a lui-même au bon succès de son

---

[1] Aubry et Rau, p. 197; Demolombe, n° 333.
[2] Aubry et Rau, p. 198; Billard, n° 92.
[3] Aubry et Rau, p. 197; Demolombe, n° 331.

administration, puisque c'est sa propre chose qu'il gère et que le reliquat doit lui appartenir. C'est d'après ces considérations que le législateur a déterminé les garanties qu'il était convenable d'accorder aux créanciers et aux légataires, sans les rendre trop onéreuses pour l'héritier.

Ces garanties sont au nombre de trois, elles consistent : 1° Dans la déchéance du bénéfice d'inventaire que l'héritier peut encourir pour certaines causes; 2° dans la responsabilité que peuvent entraîner contre lui les fautes mêmes qui ne produisent pas cette déchéance; 3° dans la caution qu'il peut être tenu de fournir.

SECTION PREMIÈRE.
De la déchéance du bénéfice d'inventaire.

La principale garantie donnée aux créanciers et aux légataires, c'est la déchéance du bénéfice d'inventaire que la loi prononce contre l'héritier dans les deux cas suivants: 1° L'inobservation des formalités prescrites pour la vente des meubles et des immeubles, et 2° le recel ou l'omission d'effets de la succession.

§ 1er. *De l'inobservation des formalités prescrites pour la vente des meubles et immeubles de la succession.*

L'héritier bénéficiaire sera réputé héritier pur et simple, s'il a vendu des immeubles de la succession sans se conformer aux règles prescrites (C. de proc., art. 988).

S'il y a lieu à faire procéder à la vente du mobilier et des rentes dépendant de la succession, la vente sera faite suivant les formes prescrites pour la vente de ces sortes de biens, à peine contre l'héritier bénéficiaire d'être réputé héritier pur et simple (C. de proc., art. 989).

La déchéance prononcée par ces deux articles est absolue et inévitable, sans qu'il y ait lieu de distinguer si l'inobservation des formalités a causé ou non un préjudice, et sans qu'il y ait lieu de distinguer entre la vente des biens meubles et celle des immeubles, car les textes ne distinguent pas, et avec raison, l'inobservation des formalités faisant naître une présomption d'acceptation pure et simple[1].

Quoique nos articles ne parlent que de vente, ils sont évidemment applicables à toute espèce d'aliénation, qu'elle soit faite à titre de vente, d'échange, de donation ou de dation en paiement.

§ 2. Du recel ou de l'omission d'effets de la succession.

Cette déchéance est prononcée en ces termes par l'art. 801 du Code Napoléon. *L'héritier qui s'est rendu coupable de recelé, ou qui a omis, sciemment et de mauvaise foi, de comprendre dans l'inventaire des effets de la succession, est déchu du bénéfice d'inventaire.*

On entend par recelé ou recel l'action du successible de s'approprier frauduleusement quelques-uns des effets composant la succession, ou d'omettre sciemment de les faire connaître. Au premier cas, le fait s'appelle plus spécialement *divertissement*, au second cas, c'est le *recel* proprement dit.

Outre la déchéance que prononce l'art. 801 du Code Napoléon, l'héritier coupable de recel ou de divertissement est en outre privé de sa part dans les objets divertis ou recelés (Code Napoléon, art. 792), mais

---

[1] Aubry et Rau, p. 164.

il ne peut être question de cette peine qu'au cas où il y a plusieurs héritiers.

Pour qu'il y ait recel ou divertissement, il faut une omission frauduleuse dans la déclaration des effets de la succession; la mauvaise foi ou l'intention frauduleuse sont les caractères essentiels et constitutifs de ces actes.

Les immeubles ne sont guères susceptibles d'être détournés ou recelés, et leur omission ne peut, que dans peu de cas, donner lieu à la déchéance du bénéfice d'inventaire; cependant il ne faudrait pas dire que cette omission ne doit jamais produire la déchéance, et admettre le recel ou le divertissement pour les meubles et autres objets mobiliers seulement.

Peu importe d'ailleurs pour l'application de l'art. 801 du Code Napoléon que les faits de divertissement ou de recel aient été commis avant ou après la confection de l'inventaire[1].

Ce sont là les deux seuls faits auxquels la loi ait expressément attaché la déchéance du bénéfice d'inventaire, mais ces cas ne sont pas limitatifs, en ce sens qu'un autre acte de disposition de la part de l'héritier pourrait également entraîner la perte du bénéfice d'inventaire, en faisant naître une présomption d'acceptation pure et simple et de renonciation au bénéfice d'inventaire.

Cette déchéance n'est pas à vrai dire une peine infligée à l'héritier bénéficiaire, c'est plutôt une sorte de renonciation tacite au bénéfice d'inventaire, que la loi suppose de la part de l'héritier, même en cas de recel,

[1] Demolombe, n° 490.

car le recel, à l'égard des créanciers, ne peut être considéré que comme un acte de propriétaire [1].

Il en résulte qu'elle peut être encourue par tout héritier majeur et capable de faire une acceptation pure et simple, qu'il se soit porté héritier de son plein gré, ou que le bénéfice d'inventaire lui ait été imposé par la loi en vertu de l'art. 782 du Code Napoléon.

Cette dernière solution est sans difficulté, lorsque l'acte entraînant la déchéance du bénéfice d'inventaire a été le fait de tous les héritiers du successible prédécédé, et qui ont accepté sous bénéfice d'inventaire, lorsqu'ils sont tous responsables de l'inobservation des formalités pour la vente des meubles et des immeubles, ou lorsqu'ils ont tous commis le fait de recel ou de divertissement. Mais en serait-il de même de l'acte emportant la déchéance, émané d'un seul de ces héritiers? Dans ce cas, la débhéance doit-elle être encourue par tous, ou seulement par l'héritier en faute? La première solution serait injuste à l'égard des cohéritiers non coupables, puisqu'elle leur ferait subir les conséquences d'un acte auquel ils sont restés étrangers; elle serait même contraire au vœu de la loi, car elle offrirait à l'un des héritiers un moyen facile d'imposer aux autres une acceptation à laquelle ils se seraient opposés; nous croyons donc devoir la repousser et admettre la seconde solution, lors même qu'elle serait contraire au principe d'indivisibilité de la qualité d'héritier que l'art. 782 du Code Napoléon a eu en vue de respecter.

D'après ce que nous avons dit, la déchéance du bénéfice d'inventaire ne peut jamais être encourue par le

[1] Demolombe, n° 376.

mineur, pour cause d'inobservation des formalités pour la vente des meubles et des immeubles, ni même pour recel ou divertissement d'objets de la succession, tout aussi peu que la loi lui permettrait de renoncer au bénéfice d'inventaire qu'elle lui impose, et qui est une condition indispensable de son acceptation[1]...

Par contre, nous pensons que, pour garantir les créanciers contre une aliénation consentie par le mineur, ou en son nom, d'immeubles de la succession, sans l'observation des formalités prescrites, il faut leur accorder une action en nullité pour faire annuler cette aliénation, action qu'ils intenteront au nom de la succession aux termes de l'art. 1166 du Code Napoléon.

Nous avons dit qu'aux termes de l'art. 776 du Code Napoléon, les femmes mariées ne peuvent valablement accepter une succession sans l'autorisation de leur mari ; il faut en conclure qu'une femme mariée ne peut, sans cette autorisation, renoncer au bénéfice d'inventaire, que l'aliénation par elle consentie sans cette autorisation des biens de la succession, et le recel par elle commis sans le concours du mari ne peuvent avoir pour effet d'entraîner la déchéance du bénéfice d'inventaire et de l'obliger *ultra vires hereditarias ;* décider le contraire, ce serait anéantir tout l'effet de l'autorisation maritale exigée par l'art. 776 du Code Napoléon, ce serait détruire la loi et fouler aux pieds la puissance du chef de l'union conjugale[2].

Par qui peut être invoquée la déchéance du bénéfice d'inventaire ? Il n'y a pas de doute en ce qui concerne

[1] Billard, n° 118, p. 415, et n° 125, p. 446.
[2] Billard, n° 125, p. 447.

.les créanciers du défunt et les légataires ; ils peuvent opposer à l'héritier la déchéance du bénéfice d'inventaire, puisque cette déchéance est une garantie que la loi leur accorde. On ne saurait non plus refuser ce droit à l'héritier lui-même, car la loi lui permet toujours de renoncer au bénéfice d'inventaire et de se constituer héritier pur et simple, et c'est là le seul effet de la déchéance. Mais on peut mettre sérieusement en doute si les créanciers personnels de l'héritier sont recevables à proposer contre lui la déchéance du bénéfice d'inventaire. Le plus souvent, ils n'y auront pas intérêt, car l'acceptation sous bénéfice d'inventaire fait nécessairement supposer que l'héritier, et par suite ses créanciers, ont intérêt à la non-confusion des patrimoines que produit cette acceptation, et que la cessation de ce bénéfice peut leur porter préjudice ; mais il peut en être autrement. On pourrait leur refuser le droit d'invoquer la déchéance, par la raison que ce n'est point à leur préjudice que l'acte qui peut donner lieu à la déchéance a été commis. Cependant, comme cette déchéance finalement, est plus ou moins fondée sur la volonté présumée de l'héritier de se départir de son bénéfice, nous croyons qu'elle constitue un fait absolu dont il doit être permis à tous les intéressés d'opposer à l'héritier les conséquences que la loi elle-même y attache [1].

SECTION II.

De la responsabilité que peut encourir l'héritier bénéficiaire.

L'héritier bénéficiaire n'est tenu que des fautes graves

[1] Demolombe, n° 391.

dans l'administration dont il est chargé (C. Nap.
art. 804); en d'autres termes, la loi n'exige de lui que
de la bonne foi dans son administration et la diligence
dont il est capable et qu'il a coutume d'apporter dans
ses propres affaires : *talem diligentiam quam in rebus
suis*[1].

En conséquence il est responsable, non-seulement
lorsqu'il commet une de ces fautes grossières qui ne
sont pardonnées à personne, mais encore lorsqu'il
commet à l'égard des biens héréditaires une faute qu'il
n'aurait pas commise dans l'administration de ses biens
personnels. On peut dire qu'en règle générale l'héritier
bénéficiaire doit administrer la succession de la manière
la plus avantageuse, sans suivre ses vues particulières,
si elles sont opposées au bien commun[2].

Une application de la règle portée en l'art. 804 du
Code Napoléon se trouve dans l'art. 805 du Code Napoléon, qui déclare que l'héritier bénéficiaire, *s'il re-
présente* les meubles *en nature, n'est tenu que de la
dépréciation ou de la détérioration causée par sa négligence*, par exemple, s'il avait eu tort de les garder en
nature.

SECTION III.

De la caution que doit fournir l'héritier bénéficiaire.

Aux termes de l'art. 807 du Code Napoléon, *l'héritier bénéficiaire est tenu, si les créanciers ou autres
personnes intéressées l'exigent, de donner caution bonne
et solvable de la valeur du mobilier compris dans l'in-

---

[1] Fr. 25, § 16, D., Famil. ercisc., X, 2.
[2] Demolombe, nº 236; Rolland de Villargues, nº 95.

ventaire, et de la portion du prix des immeubles non déléguée aux créanciers hypothécaires.

L'héritier n'est tenu de fournir caution que si les parties intéressées l'exigent, mais il doit le faire dès qu'il en est requis, et lors même qu'il est d'une solvabilité notoire[1]. Cette caution ne doit pas nécessairement être demandée par tous les créanciers, elle peut l'être par chacun d'eux séparément; si l'art. 807 du Code Napoléon peut laisser des doutes à cet égard, ces doutes sont levés pleinement par l'art. 992 du Code de procédure, dont la rédaction attribue, sans conteste, à chacun des créanciers et légataires le droit d'exiger cette caution[2].

La caution exigée de l'héritier bénéficiaire est une caution légale : on ne saurait donc exiger qu'elle soit contraignable par corps. L'héritier qui ne pourrait pas trouver une caution, serait, suivant l'art. 2041 du Code Napoléon, reçu à donner à sa place un gage en nantissement suffisant. Mais la caution ne pourrait être remplacée par l'héritier par une hypothèque qu'il donnerait sur ses biens[3]; la maxime *plus est cautionis in re quam in persona*, n'est pas d'une vérité absolue, car si l'hypothèque présente peut-être autant ou même plus de sûreté que la caution, elle est cependant moins avantageuse pour les créanciers, parce que les moyens de contrainte sont plus longs et soumis à plus de formalités.

La caution ne peut être exigée que pour la valeur du mobilier compris dans l'inventaire et pour la portion

[1] Demolombe, n° 240.
[2] Rolland de Villargues, n° 63.
[3] Aubry et Rau, p. 201.

du prix des immeubles non déléguée aux créanciers hypothécaires, ou qui reste disponible après le paiement des créanciers, et que l'héritier bénéficiaire a seul le droit de toucher; mais elle ne pourrait être demandée ni pour le mobilier autre que celui compris dans l'inventaire, tel que les fruits et revenus, ni pour garantir quant à la responsabilité des fautes que l'héritier pourrait commettre dans son administration[1].

Les formes à suivre relativement à la demande et à la réception de la caution, sont déterminées par les art. 992 et 994 du Code de procédure; en ce qui concerne la capacité, la solvabilité, et, le cas échéant, le remplacement de la caution, il faut appliquer les règles posées par les art. 9018, 2010 et 2040 du Code Napoléon.

Faute par l'héritier bénéficiaire de fournir cette caution, les intéressés ont le droit de lui faire retirer le maniement des valeurs dont la caution devait répondre; en conséquence, toute partie est fondée à demander la vente immédiate du mobilier compris dans l'inventaire et le versement *à la caisse des dépôts et consignations* du numéraire trouvé au moment du décès, de celui provenant soit de la rentrée des créances, soit de la vente des meubles et immeubles, et en général de tout le numéraire de l'hérédité (C. Nap., art. 807).

CHAPITRE VI.

DE L'ABANDON DES BIENS PAR L'HÉRITIER BÉNÉFICIAIRE.

L'héritier bénéficiaire, ne pouvant être poursuivi que sur les biens de la succession, n'est tenu en quel-

[1] Aubry et Rau, p. 204; Demolombe, n° 243.

que sorte que *propter rem*, et comme détenteur des biens de l'hérédité. Il peut donc, comme en général tout détenteur, s'affranchir des poursuites par l'abandon, par le déguerpissement[1]. *Il a le pouvoir*, dit l'art. 802 du Code Napoléon, *de se décharger du paiement des dettes, en abandonnant tous les biens de la succession aux créanciers et aux légataires.*

On a beaucoup discuté, déjà avant le Code, sur le caractère et les effets de cet abandon, et la doctrine et la jurisprudence ne sont pas d'accord encore aujourd'hui. Cet abandon n'est pas, selon nous, une véritable renonciation, effaçant la qualité même d'héritier; cette renonciation n'est pas plus possible à l'héritier bénéficiaire, qu'elle ne l'est après une acceptation pure et simple, et on peut dire encore aujourd'hui: *semel heres, semper heres.* L'abandon n'est qu'une simple décharge de l'administration, qui n'empêche pas l'héritier bénéficiaire de rester toujours héritier, et qui ne le prive pas en même temps des effets de son acceptation bénéficiaire.

Déjà Pothier disait : cet abandon que fait l'héritier bénéficiaire est improprement appelé renonciation à la succession, car il n'a d'autre effet que de le décharger envers les créanciers [2], et c'est là ce que dit l'art. 802 du Code Napoléon. C'est une sorte de cession de biens qui ne dépouille l'héritier bénéficiaire ni de sa qualité d'héritier ni de la propriété des biens de la succession, et qui a pour effet seulement de remettre la possession des biens aux créanciers et aux légataires, afin qu'ils avisent eux-mêmes aux moyens de les admi-

[1] Demolombe, n° 205.
[2] Pothier, *Des success.*, ch. III, sect. III, art. 2, § 8.

nistrer et d'obtenir le paiement de ce qui leur est dû[1].

Il résulte de ce que nous venons de dire :

1° Que l'abandon des biens par l'héritier bénéficiaire ne donne pas lieu au droit d'accroissement au profit de ses cohéritiers, ni au droit de dévolution au profit des héritiers du degré subséquent, et que l'héritier bénéficiaire a droit à ce qui reste d'actif après le paiement des créanciers et des légataires.

2° Que l'héritier n'est pas affranchi de l'obligation du rapport dont il est tenu envers ses cohéritiers par le fait de son acceptation, pas plus qu'ils n'en sont déchargés eux-mêmes envers lui.

3° Que l'héritier bénéficiaire peut toujours demander la réduction des libéralités qui excéderaient la réserve.

Cette faculté d'abandon est accordée à tout héritier bénéficiaire, et s'il y en a plusieurs, à chacun d'eux séparément et individuellement[2].

L'abandon doit comprendre tous les biens de la succession, à l'exception de ceux cependant qui ne sont entrés dans la masse que par suite de rapports à la succession ou de réduction de donations excédant la quotité disponible, puisque ces biens ne forment pas le gage des créanciers et des légataires, et que s'ils rentrent dans la succession, ils ne sont censés y rentrer que dans l'intérêt exclusif des héritiers[3].

Il doit être fait à tous les créanciers et légataires indistinctement, sans que cependant l'abandon fait à quel-

[1] Demolombe, n° 206; Marcadé, sur l'art. 802, p. 178; Rolland de Villargues, n° 173.
[2] Aubry et Rau, p. 195; Demolombe, n° 210.
[3] Demolombe, n° 213.

ques-uns seulement puisse faire encourir en principe à l'héritier la déchéance du bénéfice d'inventaire, ou faire naître de sa part une présomption d'acceptation pure et simple et de renonciation à son bénéfice. Tout ce qui pourrait résulter de cet abandon incomplet, c'est que l'héritier bénéficiaire resterait tenu, vis-à-vis de ceux auxquels l'abandon n'aurait pas été fait, de toutes les obligations résultant de son acceptation [1].

Ni le Code Napoléon ni le Code de procédure civile n'ont déterminé les formes de cet abandon ; nous pensons donc qu'il peut être fait soit par des notifications individuelles, soit par une déclaration faite au greffe du tribunal [2].

En cas d'abandon des biens par l'héritier bénéficiaire, il appartient aux créanciers et aux légataires d'adopter, pour l'administration des biens abandonnés, le mode qui leur paraît le plus avantageux, sauf, s'ils ne sont pas d'accord entre eux, à faire pourvoir à cette administration par les voies légales [3]. Les règles d'administration à observer soit par le curateur nommé aux biens abandonnés, soit par la masse des créanciers et légataires, sont les mêmes que celles que la loi a établies pour l'héritier bénéficiaire, et spécialement les biens ne peuvent être vendus que dans les formes prescrites pour la vente des biens d'une succession bénéficiaire, avec la différence toutefois, que l'inobservation des formalités ne peut plus emporter de déchéance, mais entraînerait au contraire la nullité des ventes faites contrairement aux prescriptions de la loi [4].

[1] Aubry et Rau, p. 195 ; Demolombe, n° 214.
[2] Demolombe, n° 216.
[3] Aubry et Rau, p. 195 ; Billard, n° 137.
[4] Demolombe, n° 221.

L'héritier bénéficiaire qui offrirait de payer intégralement les dettes et charges de l'hérédité serait par cela même autorisé à reprendre les biens abandonnés existant encore en nature [1].

[1] Aubry et Rau, p. 196; Demolombe, n° 223.

PROPOSITIONS.

DROIT ROMAIN.

1. Il n'y a pas antinomie entre la loi 1, § 1, *D.*, *De novat. et deleg.*, XLVI, 2, la loi 41, *D.*, *De condict. indeb.*, XII, 6, et la loi 59, *D.*, *De oblig. et act.*, XLIV, 7.

2. L'héritier bénéficiaire n'est pas tenu sur ses biens personnels jusqu'à concurrence des forces de la succession.

3. L'héritier qui a recours au droit de délibérer ne peut plus invoquer le bénéfice d'inventaire.

4. Le testateur ne peut pas interdire à son héritier le droit d'invoquer le bénéfice d'inventaire.

DROIT CIVIL FRANÇAIS.

1. La réunion fictive prescrite par l'art. 922 du Code Napoléon pour le calcul de la quotité disponible, doit comprendre même les biens dont il a été disposé par partage anticipé.

2. L'inscription prise aux termes de l'art. 2111 du Code Napoléon, par les créanciers et légataires qui demandent la séparation des patrimoines, confère le droit de suite.

3. Le contrat de mariage, contenant l'un des actes énumérés dans l'art. 2 de la loi du 21-24 juin 1843, est soumis à la nécessité de la présence réelle du notaire en second ou des témoins instrumentaires.

4. La renonciation à une succession, faite aux termes de l'art. 781 du Code Napoléon, ne pourrait pas être

critiquée par la régie, lors même que le renonçant viendrait à recueillir la succession de son chef par droit d'accroissement ou de dévolution, et que la renonciation aurait été faite dans le seul but d'échapper au paiement du droit de mutation par décès.

DROIT CRIMINEL.

1. L'art. 175 du Code pénal n'est pas applicable aux notaires pour les actes de leur ministère.

2. L'excuse portée en l'art. 324 du Code pénal, al. 2, peut être invoquée par la femme aussi bien que par le mari.

3. Le mari poursuivi pour délit d'adultère peut, tout aussi bien que la femme, invoquer l'exception de l'art. 336 du Code pénal.

DROIT DES GENS.

1. Il n'y a pas de *jus belli* à observer à l'égard de l'ennemi qui méconnaît les lois de l'humanité.

2. Plus les moyens de réduire l'ennemi à l'impuissance sont énergiques et prompts, plus ils sont conformes au seul but légitime de la guerre.

3. Pour que le blocus soit à considérer comme levé à l'égard des neutres, il suffit que l'investissement réel, qui est de son essence, n'existe plus.

———

Vu par le professeur soussigné, président de l'école impér.,
HEIMBURGER.

Vu par le soussigné Doyen,
C. AUBRY.

Permis d'imprimer,
Strasbourg, le 11 mai 1861.
Le Recteur, DELCASSO.

Typographie. Imprimerie de G. Silbermann.

www.ingramcontent.com/pod-product-compliance
Lightning Source LLC
Chambersburg PA
CBHW071847200326
41519CB00016B/4276